Johann Gottfried Köppel

**Briefe über die beiden fränkischen Fürstentümern Bayreuth und Ansbach**

Johann Gottfried Köppel

**Briefe über die beiden fränkischen Fürstentümern Bayreuth und Ansbach**

ISBN/EAN: 9783743622234

Hergestellt in Europa, USA, Kanada, Australien, Japan

Cover: Foto ©ninafisch / pixelio.de

Weitere Bücher finden Sie auf **www.hansebooks.com**

# Briefe

über

die beiden fränkischen Fürstenthümer

# Bayreuth und Ansbach.

Auf einer Sommerreise in den Jahren 1792 und 1793 geschrieben

von

## Johann Gottfried Köppel

Registrator bei dem Kaiserl. Landgericht B. N. zu Ansbach.

Mit Kupfern.

Erlangen
verlegt von Wolfgang Walther
1794.

# Beschreibung
einer
## historisch und statistischen
# Reise
durch die
### fränkischen Fürstenthümer
## Bayreuth und Ansbach.

Von
### Johann Gottfried Köppel,
Registrator bei dem Kaiserl. Landgericht B. N. zu Ansbach.

---

## Erster Band.
Mit Kupfern.

---

Erlangen,
bey Wolfgang Walther, 1795.

Seiner Hochgebohrnen Excellenz

dem

Königlich Preußischen wirklichen Geheimen Staats-
Kriegs- und Kabinets- auch dirigirenden Minister
der beiden fränkischen Fürstenthümer

# Freiherrn von Hardenberg

gewidmet.

## Hochgebohrner Freiherr,
### Gnädig hochgebietender Herr dirigirender Staatsminister,

Die Unterstützung, die Eure Hochgebohrne Excellenz mir zu meinen Reisen in diese beiden Fürstenthümer angedeihen zu lassen gnädig geruhet haben, macht es mir zur dringenden Pflicht, Hochdenenselben meinen ehrfurchtsvollsten Dank dafür öffentlich darzubringen: und da Eure Hochgebohrne Excellenz bei dem wirklichen Anblick der schönen, reizvollen Naturscenen jener Gegenden, so oft Ihre Bewunderung mit den Empfindungen eines grossen und geschmackvollen Kenners geäußert haben; so leb ich der Hofnung, daß Eure Hochgebohrne Excellenz mir gnädig die Freiheit verzeihen werden, wenn ich es wage, Hochderoselben Namen einem Werke vorzusetzen, welches die Absicht hat, das Ausland von den Vorzügen der beeden Fürstenthümer

thümer in Franken zu überzeugen, und daß diese beglückten Lande und ihre Naturschönheiten sich mit der weisen Administration von Eurer Hochgebohrnen Excellenz vereinigen, unsere Tage glücklich und angenehm zu machen. Ich ersterbe mit den ehrfurchtsvollsten Gesinnungen,

Eurer Hochgebohrnen Excellenz

Ansbach am 24. Apr.
1794.

unterthänig ganz gehorsamster Diener
Johann Gottfried Köppel.

# Inhalt.

**Erster Brief.** Reise von Ansbach nach Cadolzburg. Beschreibung der alten Burggräflichen Residenz und des nicht weit davon entlegenen Druidensteins. Seite 4

**Zweiter Brief.** Aeltere und neuere Nachrichten von Frauenaurach. 13

**Dritter Brief.** Historische Beschreibung von Bayersdorf und dem ruinirten Schlosse Scharfeneck. Reise nach Streitberg. 23

**Vierter Brief.** Charakter der Streitberger, Ländliches Fest. Bergreise. Wasserfall bei der Thosbrücke. 33

**Fünfter und Sechster Brief.** Historisch und statistische Beschreibung von Streitberg. 41

**Siebenter Brief.** Historische Schilderung von Muggendorf. Statistischer Zustand. Beschreibung der dortigen Höhlen. 60

**Achter Brief.** Abreise von Streitberg. Sanspareil, Ankunft in Bayreuth. 78

**Neunter Brief.** Beschreibung der Rosenmüllershöhle bei Muggendorf. Mahlerische Schilderung der Gegend von Engelhardsberg, und dem Wiesenthale. 84

## Inhalt.

**Zehenter Brief.** Nebenreise von Streitberg nach Thüsbronn. Historisch und statistische Beschreibung von Thüsbronn und dem ganzen Aemtchen. Anmerkungen über Streitberg und Muggendorf.    Seite 98

### Kupfer.

1) Die Mittag- oder ältere Seite von Cadolzburg.
2) Die Mitternachtseite von Cadolzburg.
3) Der Druidenstein bei Cadolzburg.
4) Situations-Plan von dem Schloße Scharfeneck bei Bayersdorf.
5) Prospect der Ruine Scharfeneck bei Bayersdorf.
6) Wasserfall und Gegend, wo sich die Wiesent mit der Aufsees vereiniget.
7) Prospect von Streitberg.
8) Die Abendseite des alten Schlosses Streitberg.
9) Eingang des hohlen Bergs, oder der Oswaldshöhle bei Muggendorf.
10) Inneres Ansehen des hohlen Bergs.
11) Eine Parthie der Rosenmüllershöhle bei Muggendorf.
12) Die sogenannte Wachskammer in der Rosenmüllershöhle.
13) Die Riesenburg, oder die sogenannte Gaistirche bei Engelhardsberg.

---

### Nachricht für den Buchbinder.

Dieser Inhalt kommt nach der Dedication. Sämtliche Kupfer werden am füglichsten in der Mitte gebrochen und in Fälze gelegt, hinten angebunden.

## Vorrede.

Dem Publikum liefere ich hier nach und nach die Resultate einer seit etlichen Jahren zu verschiedenenmalen durch beede fränkische Fürstenthümer auf ausdrücklich allergnädigsten Specialbefehl, eigentlich in Hinsicht antiquarischer und anderer nützlichen Gegenstände, gemachten Reise.

Es darf daher keine vollständig statistische Beschreibung von mir erwarten, sondern meine Briefe als Bruchstücke, Berichtigungen älterer und neuerer Geschichtschreiber, und hauptsächlich nur als Erläuterungen der Kupferstiche, betrachten. Was ich hier liefere, sind theils neue an Ort und Stelle aufgezeichnete Beobachtungen, theils auch eingezogene und freundschaftlich mitgetheilte Nachrichten einiger dienstfertigen Herren Beamten.

Der Unterhaltung und des mancherlei Interesse willen bin ich Herrn Oberconsistorialrath Zöllner in Berlin *) gefolgt, indem ich hin und wieder auch einige Originalbriefe, die ich an meine Freunde geschrieben habe, mit einschalten werde.

Uebrigens aber bitte ich in doppelter Rücksicht um gütige Nachsicht. Bei den gelehrten Herren Kunstrichtern, weil ich es wage, ohne allen innern Beruf mit Briefen vor dem Publikum zu erscheinen, die bei der gegenwärtigen Menge von Reise- und statistischen Beschreibungen gar wohl hätten ungedruckt bleiben können, zumal ich nur allzuwohl überzeugt bin, daß ich da und dort straucheln werde, weil ich bei meinen vielen Arbeiten dergleichen Nebenbeschäftigungen wenig Zeit aufopfern, und die Hülfsquellen älterer Brandenburgischer Geschichtschreiber nicht hinlänglich benutzen konnte. Genug, daß ich das wesentlichste davon liefere und es einsichtsvollern mit mehrern Kenntnissen bereicherten Männern überlasse, diese

Briefe

*) Briefe über Schlesien, Krackau, Wielitzka und die Grafschaft Glaz, auf einer Reise 1791 geschrieben.

Briefe einst umzuarbeiten und zu einer vollständigen vaterländischen Beschreibung zu benützen.

Wer wird nicht mein Vaterland jetzt etwas näher kennen wollen, da es eine der wichtigsten Epochen erlebt hat, in welcher es wieder mit dem Chur- und Stammhause vereint wurde, und das Glück genießt, von Preußens mildem Scepter auf immer beherrscht zu werden.

Meine zwote Bitte gehet an die Kunstkenner und Landschaftenmaler. Auch diesen muß ich bekennen, daß ich nur Dilettant, aber ein desto grösserer Verehrer der Kunst bin: denn wie würde ich sonst so viel Geduld haben, jedes übrige Ständchen zu benützen, um der Kunst ein Opfer zu bringen, und die Schönheiten in den Werken der Natur so gut es mir möglich ist, zu kopiren. O, wie viel angenehme Stunden, wie viel süsse und frohe Empfindungen hab' ich nicht diesen reizenden Anblicken, diesen anziehenden Beschäftigungen, bei so manchen ausgestandenen Beschwerlichkeiten, zu verdanken! Wie oft und vielmal heiterten sie meine Seele in trüben Augenblicken auf! — Doch ich komme zu weit von meinem Plane ab. — Eigentlich waren meine Zeichnungen bestimmt, den Liebhabern, so wie die Hefte von Sanspareil in illuminirter Aberlischer Manier nach und nach in die Hände geliefert zu werden. Nun verlieren sie freilich durch ihre Verkleinerung, aber demohngeachtet nicht an Pünktlichkeit und Wahrheit. Mancherlei Hindernisse und selbst die gegenwärtigen Zeitumstände ließen vermuthen, daß ein so kostbares und vom Verleger grossen Aufwand erforderndes Werk ins Stecken kommen möchte. Indeß ist dieser Plan noch nicht ganz aufgegeben. Ich werde bei der Menge meiner gesammleten Originalzeichnungen manches schöne und wichtige Blatt in bunter Manier nachliefern, und damit Kunstkennern die interessantesten Gegenstände meines Vaterlandes in guten und richtigen Abbildungen nach und nach liefern, welches jedesmal in diesen Heften angezeigt werden soll.

―――――

Erster

# Erster Brief.

Cabolzburg, am 25. July
1793.

Sie können sich nicht vorstellen, welch ein buntes Gemisch von Empfindungen beim Aufbruch zu meiner unternommenen Reise in meiner Seele sich drängte. Neugierig, mein Vaterland näher kennen zu lernen; voll Enthusiasmus, alle die reichhaltigen Naturschönheiten, schauerhafte und angenehme, so wie sie dasselbe in reicher Menge darbietet, mit einem Forscherblick aufmerksam zu betrachten, die interessantesten Gegenstände desselben aufzuzeichnen, auch manches ehrwürdige Alterthum, mit dem Reisblei in der Hand der Vergessenheit zu entreissen; und dann die süsse, wohlthätige Ahndung, auf meiner Wallfarth zuweilen einen alten Freund nach einer Reihe von Jahren da und dort in einem Winkel meines Vaterlandes, vielleicht im Kreise einer glücklichen Familie, noch einmal persönlich umarmen zu können, — diese und noch manche andere ähnliche Empfindungen und Vorstellungen würkten so stark auf mich, daß ich öfters über die langsamen Fortschritte meiner Reise, und über den Aufenthalt, welcher in meinem Reiseplan schon angemerkt stand, ungeduldig ward, weil mir jenes merkwürdige Fichtelgebirge, das ich mit zu bereisen gedenke, stets vor Augen schwebte.

Sie werden mich freilich selten auf der gewöhnlichen Strasse finden: denn es geht bei mir bald rechts, bald links, wo mich der Gegenstand meines Geschäftes hinführt. Indessen machen Sie sich nur schon im voraus auf solche Anomalien gefaßt; und sollte es auch die unbesuchteste Einöde seyn, genug, Sie müssen mir folgen.

Dreiviertelstunden von Ansbach verließ ich schon die Chauffee, und lenkte links ein. Der Weg ist zwar etwas rauh, indeß sehr unterhaltend; denn bald ist man auf der Höhe, von der man eine abwechselnde Aussicht genießt und gegenüber Forst eine Filialkirche von Weihenzell, immer zur Seite hat; bald in einem Wiesenthale, durch welches sich ein mit Erlen malerisch eingefaßter Bach schlängelt; das Ganze aber wird links von fetten Kornfeldern, und rechts von dem nahen Walde begränzt.

Da Sie Bruckberg und das 1720 von Markgraf Wilhelm Friedrich nach dem Koppenhagener im kleinern Maaßstabe erbaute — zwar unvollendete Schloß und die nachhero darinn etablirte feine Porcellanfabrik genau kennen, so will ich Sie mit einer

ner Beschreibung derselben nicht aufhalten, vielmehr mit Ihnen im Wiesgrunde, neben der Bibert, nach Großhabersdorf weiter reisen. Ehe man dahin kommt, liegt am Wege Münchzell, eine Ruine und ehemalige Wallfarthskapelle, wovon nur noch die zwei Giebelmauern stehen.

Die Kirche zu Großhabersdorf steht auf der Höhe, und hat wegen ihrer vortheilhaften Lage in den Kriegen der vorigen Jahrhunderte — hauptsächlich 1547. vom Duc d'Alba vieles Ungemach ausstehen müssen. Die Feinde verschanzten sich auf dem Kirchhofe, wirthschafteten sehr übel, und verschonten sogar die Todten nicht. An der Kirche sieht man noch einige Ueberbleibsel des Pabstthums. Debendorf liegt etwas links von der Straße; es hat mich aber nicht gereuet, diesen kleinen Umweg gemacht, das Schloß, die vortreflichen Malereien, und seine schönen Gärten noch einmal gesehen zu haben \*).

Ich bin nun schon zwei Tage hier in Cadolzburg einem der merkwürdigsten Orte in der Brandenburgischen Geschichte \*\*). Das auf einem Felß erbaute Schloß war lange die Residenz der Burggrafen von Nürn-

---

\*) Meusel's Museum für Künstler und Kunstliebhaber. 18 St. Manheim 1787.

\*\*) Oetters gegründete Nachrichten von dem ehemalig Burggräfl. nürnberg. und kurfürstl. brandenburg. Residenz-Schloß Kadolzburg.

Nürnberg gewesen, in welcher viele gekrönte Häupter bewirthet — so mancher Strauß gegeben, und andere Feierlichkeiten gehalten wurden. Ich glaube daher Ihnen ein Vergnügen zu machen, wenn ich Sie mit Umgehung aller weitläuftigen historisch- und diplomatischen Beschreibungen vorjezt blos mit dem Innern der alten Burg bekannt mache.

Das Schloß wird bekanntlich in das alte und neue getheilt, ob es gleich, im Ganzen genommen, nur einen Bau ausmacht. Der jüngere Theil desselben soll von dem Burggrafen, und nachmaligen Churfürsten Friedrich I. von Brandenburg, zu Anfang des funfzehnten Jahrhunderts erbaut worden seyn; die ältere Burg aber ihren Ursprung schon vom neunten Jahrhundert, und zwar von Caboltus, Kaiser Arnulphs natürlichem Sohn, herleiten. Sie steht noch unverlezt, ist noch immer, was sie ihrer Bestimmung nach seyn sollte, und kann der zerstöhrenden Zeit noch lange Trotz bieten. Der Beobachter hat hier ein deutliches Gemälde der alten und mittlern Baukunst vor Augen, und nichts giebt uns von der ökonomischen Einrichtung und der Lebensart der Grosen in den ältern Zeiten einen bessern Begriff, als ihre Wohnungen.

Erstlich sahen sie darauf, daß solche auf Höhen, oder auf die Gipfel der Berge — und wenn es die Lage gestattete, auf Felsen, wo man die erforderlichen
Steine

Steine bei der Hand hatte, angelegt wurden, um eine unbeschränkte Aussicht zu haben, und zugleich den noch fernen Feind von allen Seiten beobachten zu können. Anderntheils war die erhöhete Lage auch ein Theil der Befestigung, die man damals durch hohe dicke Mauern, eisenveste Thürme, Gräben und Zwinger auszuführen suchte, welche nach der Krieg führenden Art jener Zeit hinlänglich waren, jedem feindlichen Ueberfall die Spitze zu bieten.

Der zweite vorzüglichste Gegenstand waren feste und finstere Gewölber für Gefangene und Missethäter, worinn sich beim Eintritt alles vereinigt, Grauen und Entsetzen zu erregen. Es sind die Ueberbleibsel jener finstern Zeiten, die uns von ihrem Daseyn noch ein schauervolles Gemälde darstellen.

So kann man hier z. B. noch die Folterkammer sehen, ein hohes und festes Gewölbe, bewohnt von einem widrigen Dunkel. In der Mitte desselben ist ein tiefes ausgemauertes Loch, gleich einem Radbrunnen mit einer gegitterten eisernen Fallthüre, in welches mittelst eines großen Haspels die Missethäter an einem Seile hinabgelassen wurden. Unter andern erinnere ich mich folgende zur Marter der Menschheit erdacht gewesene Folterwerkzeuge gesehen zu haben, deren zum Theil frivole Benennungen noch von der unseligen Gleichgültigkeit zeugen, mit der man Menschen zu entmenschen gewohnt war:

Den

Den sogenannten gespickten Haasen. Ein so figurirtes Brett mit hölzernen spitzigen Zäpfchen, worauf der Inquisit. entblößt gesezt wurde;

Eine lange Bank, auf welcher der Sträfling mit Stricken fest angebunden wurde, unter dessen Rücken man alsdann die eingekerbte hölzerne Walze herumdrehte;

Die spanische Wiege, die einer großen Wanne gleicht, und inwendig mit hölzernen spitzigen Nägeln besezt ist, auf welcher der Hartnäckige hin und her gewiegt wurde;

Eine eiserne Pfanne, in welcher Pech gesotten — und Drathruthen, die in das kochende Pech getaucht, und womit der nackte Körper des Läugnenden zerfleischt wurde;

Dann große, in einem halben Cirkel zugehauene Steine, welche dem Missethäter, wenn er an der Decke mit beiden Händen aufgehängt war, an die Füße befestiget, und so lang mit ein bis zwei Centner schweren Steinen vermehrt wurden, bis alle Glieder zu einem bestimmten Grad ausgedehnt waren.

Diese Werkzeuge sind — dank sei es der Menschheit! dank den mildesten Beherrschern! seit 1734. nicht mehr gebraucht worden. Sie sind nun eben so unter die Ruinen, unter die Vergangenheiten, unter die heutiges Tages ganz entbehrlichen Dinge zu zählen, wie die

die ehehin so gefährlichen Raubschlösser, von denen nichts als ihre unschädlichen Reste zum Andenken voriger Zeiten übrig geblieben sind.

Der dritte Gegenstand der damaligen Bauart war insbesondere auf die Bequemlichkeit, auf weitläuftige Küchen und Gewölber gerichtet, um theils die Bedürfnisse in Menge zuzubereiten — theils auch sie verwahren zu können. Daher war die Küche jedesmal ohne alle Verhältnisse ungewöhnlich groß und weit, damit erforderlichen Falls ein ganzer Ochse gebraten — und für einige hundert Menschen Speise zugerichtet werden konnte. Der noch vorhandene Bratspieß, und der Heerd zeugen noch immer von jenen Schmaußereien. Freilich wußte man damals von den unzählbaren leckerhaften Speisen nichts; dahingegen brauchte man desto größere Fleischstücke; denn je größer solche auf die Tafel gebracht werden konnten, desto vornehmer war das Gastmahl. Hieran nahm nicht nur der ganze Hof, sondern auch die Ritter und Knechte, welche im Gefolge waren, Theil.

Aber wie sah es mit den innern Einrichtungen, mit den Wohnzimmern und Gemächern aus? Diese waren nach Verhältniß der Küche klein, und mit der Menge der Gewölber verglichen, auch von geringer Anzahl. So trift man z. B. im ältern Theil des Schlosses zuerst einen weitläuftigen gewölbten Saal an, der vielleicht ehehin mit Waffen, Rüstungen, und hierzu

zu erforderlichen Kleidungsstücken ausgeschmückt war. Hier versammleten sich die Ritter und Knappen, übten sich im Fechten, und hielten ihre Gastmahle. Dann kommt man in ein Vorgemach, worinn sich die Hofleute aufhielten und dicht daran ist das herrschaftliche Wohnzimmer, der Aufenthalt der ganzen Familie. Rechts tritt man durch eine niedrige Thüre, in das allgemeine Schlafgemach, welches eine ungeheuere Bettstelle, worin die ganze Familie Platz hatte, größtentheils einnahm. Es beburfte dieses Zimmer keiner kostbaren Vorhänge oder Jalousie-Läden zur Verfinsterung, denn es ist durch eine geringe Beleuchtung, welche ihm das Wohnzimmer durch ein kleines Fenster über der Thür mittheilt, ohnedieß dunkel. Nebst diesem ist also in dem zweiten Stockwerk überhaupt nichts mehr als die ganz unverändert gebliebene Schloßkapelle, welche einen noch aus dem Pabstthum herrührenden Altar, und daran befindliche gute Gemälde, ein Marienbild, nebst dem Portrait des Stifters und damaligen Pfarrers Keit aufzuweisen hat *). In allem befinden sich im alten Schloß nicht mehr als 9 Zimmer, wovon einige die Oberamtsregistratur verwahren, das Laboratorium, die große Küche, ein Keller, fünf schauerliche Gewölber, und der ausserordentlich tiefe Radbrunnen. Dieser einfachen und kunstlosen Bauart ohngeachtet, bewundert man die schöne, obgleich riesenmäsige Schlosserarbeit. Das Schloß und
die

*) Walter's Kadolzburgisches Denkmal.

die Handhebe an der Thüre des Schlafgemaches sind ein Muster des Fleißes, und die Nettigkeit des eingeschnittenen Laubes würde unsern heutigen Künstlern noch Ehre bringen; hingegen sieht man es den Thüren und Fenstern an, daß sie von Zimmerleuten, als den ursprünglichen Tischlern oder Schreinern jetziger Zeit, verfertiget sind. Nur dieser Theil des Schlosses hat einen bedeckten Gang mit Schießscharten, der mit Doppelhacken versehen ist.

Aber nun will ich zu dem neuern Theile dieses Schlosses übergehen. So wie in der Folge mit der eingetrettenen gesittetern Lebensart die beständigen Kriege und Einfälle in andere Länder nach und nach aufhörten; so suchte man in den häuslichen Ergötzlichkeiten, in Feierlichkeiten bei Hofe, hauptsächlich auch in der Jagd einen angenehmen Zeitvertreib, wozu Cabolzburg besonders gut gelegen war. Und da bei diesem Orte ausser dem beträchtlichen harten Felsenrücken, dessen beinahe senkrechte Höhe den dauerhaftesten Grund zu einem unzerstörbarem Gebäude darbot, auch noch die vortrefliche Lage einer vor ihm ausgebreiteten großen Ebene, in welcher Nürnberg, Erlangen und Fürth liegen, nicht erwünschter seyn konnte; die zugleich die schönste Aussicht über einen fruchtbaren von der Rednitz und Zenn bewässerten Grund, ja selbst über die, jene Fläche durchkreutzende Wälder, gewährte; so war nichts natürlicher, als die Vergrößerung eines Schlosses, das schon einige

nige Jahrhunderte hindurch der Zeit getrotzet hatte. Die Abbildung des neuern Theils überhebt mich einer nähern Beschreibung, und ich habe Ihnen nur noch zu sagen, daß dieser Theil

 Sechs und dreißig Zimmer und Kammern,
 Eine Küche,
 Zwei Keller und
 Zwei Gewölber in sich faßt.

Im äussern Schloßhof befinden sich gegenwärtig die Beamtenwohnungen, herrschaftliche Getraidekästen, Stallungen und die Frohnveste.

Der ganze Ort besteht aus 115 Wohnhäusern, und wird bekanntlich in vier Quartiere getheilt, nämlich 1) in das Schloß, 2) in den Markt, welcher ein 1486. erbautes Rathhauß hat, mit einer steinernen Mauer umgeben, und mit drei Thoren versehen ist, wovon zwei mit dem Schlosse selbst in Verbindung stehen; 3) in den Kraftstein und 4) in das Thal, in welchem die neue Pfarrkirche, der Pfarrhof, und die Schulhäuser anzutreffen sind. Von dem Nahrungszustand der Einwohner finden Sie mehreres in Fischers Topographie des Fürstenthums Ansbach, und in Fußels Tagbuch einer Reise durch den Fränkischen Kreis.

Eine andere Merkwürdigkeit ist der eine Stunde von Cabolzburg an dem Abhange des Dillenbergs gelegene Druidenstein. Er besteht aus einem isolirten

lirten Felsen, der von auffen mit einer Kruste von angeschossenen Salpetertheilchen überzogen, und ganz weiß ist. Sein Umfang beträgt 88 Schuhe, die Höhe 14, die Oberfläche nach der Länge 17 und nach der Breite im Durchschnitt 15 Schuh. Er soll der Tradition nach vor Zeiten den Druiden zu einem Opferaltar gedient haben, und die in demselben horizontal hineinlaufenden Löcher, Schalllöcher gewesen seyn, welche die Druiden, mittelst lauten Hineinrufens, statt unserer heutigen Sprachrohre gebraucht — und dadurch ihre Orakelsprüche mitgetheilt haben.

Die Benennung des unten verbeifließenden Farrnbachs leitet man von den Farren her, welche hier aufgestellt, und zu Opfern herbeigetrieben wurden. Mit einiger Behutsamkeit kann man mittelst eines schneckenförmigen um denselben laufenden Weges auf seine Oberfläche gelangen.

Noch wähnt das getäuschte und abergläubische Volk dieser Gegenden, Hexen (Druden) tanzen zu gewissen Zeiten um und auf demselben, so daß sich dasselbe ihm nicht zu nähern, geschweige (um nicht behext zu werden) hinauf zu steigen getrauet. Sollte man in unsern aufgeklärten Zeiten nicht darauf denken, Leichtgläubige einmal zu belehren, wer die Druiden (woraus sie Druden und Hexen machen) eigentlich waren?

Vor einigen Jahren fand man ohnweit Cadolzburg, bei Grabung eines Kellers einige römische

Urnen mit dem Deckel, welche wohlbehalten nach Ansbach geliefert worden sind, und auf dem dasigen Königlichen Gymnasium aufbewahrt werden.

Auch Veitsbronn, ein Ansbachisches Pfarrdorf, eine Stunde von Cabolzburg, gegen Erlangen hin, besuchte ich wegen seiner auf dem Berge liegenden Kirche, die bisher, wiewohl mit gerechtem Widerspruche des Hauses Brandenburg, von dem Nürnbergischen Pfarrer zu Michelbach zugleich mit versehen wird. Diese protestantische Kirche besizt den wunderthätigen St. Veit, eine kleine kaum anderthalb Schuhe hohe Figur, verwahrt in einem mit einer Glasthüre verschlossenen Kästchen, welches der Kirchthüre gegenüber an der Wand befestigt ist. Der Heilige hält in der Rechten ein Evangelienbuch, worauf ein Hahn steht, in der Linken aber einen Palmzweig. Vor dem schönen Hauptaltar sind zu beiden Seiten noch zwei Altäre, die mit den reichvergoldeten in Lebensgröße gearbeiteten Statuen der heil. Margareth und der gekrönten Mutter Gottes mit dem Jesuskind auf dem Arme ausgeschmückt sind. Ich bezeigte meine Verwunderung über das weiße schleierne Kleidchen, welches dem Kinde angezogen war, und erhielt von meinem Begleiter zur Antwort: Daß das Kind nicht nur alle vier Wochen mit weißen — sondern auch an hohen Festtagen mit reichen Kleidern gepuzt werde, wozu hinlänglicher Vorrath vorhanden sey. — Ich übergehe einige mir bei dieser Gelegengenheit erzählte Wunder, die der **heilige Veit** und das unten am Berge hervorquellende Wasser, an **glaubigen Christen** in Augenkrankheiten gewirkt haben sollen, und merke nur an, daß die Kirche vor der Reformation eine berühmte Wallfarth war, und daß wahrscheinlich die gesunde und eiskalte Quelle den **heiligen Veit** als Augenarzt hieher verpflanzt haben mag. Die Quelle ist so stark, daß sie den ganzen Ort, welcher unten am Berge liegt, mit gutem Trinkwasser versieht, welches in jedes Haus durch vertheilte Röhren geleitet wird.

Morgen gehe ich von hier ab, aber nicht weiter als bis Erlangen. Leben Sie wohl.

## Zweiter Brief.

Frauenaurach, am 30. July 1793.

Ein Zufall verursachte, daß ich, anstatt in Erlangen, einige Tage hier verweilen mußte, und froh war, einen Weg von 5 Stunden erst um Mitternacht mit Gefahr vollendet zu haben, ob ich schon Nachmittags von Cabolzburg abreiste.

Auf ebener Strasse, zwischen Farrnbach und Cabolzburg im Gehölze, brach mir aus Unvorsichtigkeit des Kutschers, der im vollen Laufe seiner Pferde einen unbedeutenden über den Weg laufenden Graben nicht wahrgenommen hatte, die hintere Wagenaxe. Ich mußte unmuthsvoll zwei Stunden lang bei meinem verunglükten Wagen halten, und überdieß die Pferde vor den Mücken zu bewahren suchen, während mein Sohn und der Kutscher, Schmidt und Wagner zu holen, nach Farrnbach liefen. Der Schade wurde zwar durch eine Halbaxe einigermassen reparirt, ich aber desto empfindlicher gepreßt, da ich der Discretion meiner dienstbaren Geister gänzlich überlassen war.

Mein Aufenthalt in Frauenaurach war indeß von gutem Nutzen, zumal da ich das Glück hatte, mit

mit einem rechtschaffenen Beamten, dem Herrn Land-
kammerrath Lips daselbst bekannt zu werden, dem ich
folgendes größtentheils zu verdanken habe.

Zuverlässige Nachrichten von der Fundation des
ehemaligen Klosters Frauenaurach findet man in
einem alten, in der Amts-Registratur aufbewahrten
Saalbuche von 1440, woraus erhellet, daß das Kloster von einem von Heerdegen, oder vielmehr von
dessen Gemahlin, einer Herzogin von Meran, im
Jahr 1275 fundirt wurde. Den 12ten May 1552
ward selbiges von den Nürnbergern zerstöhrt und in
Besitz genommen, 1557 aber, nach einer zu Augs-
burg ergangenen sogenannten königlichen Thaidigung,
dem Hause Brandenburg wieder abgetreten. Die Ein-
künfte des Klosters waren Anfangs sehr geringe, sie
wurden aber in der Folge durch viele fromme Stiftungen ansehnlich vermehrt. Die Klosterfrauen standen
indeß nicht in dem besten Rufe, daher auch im Jahr
1527 unter Markgraf Georg dem Frommen
ein Rescript an die Priorin erlassen wurde, Kraft dessen man ihr auferlegte:

„Mit dem Convent aus einem Hofen und ob
„einem Tisch zu essen,„ und an dessen Schluß
es noch hieß: „vnnd Ist demnach abermals
„vnser ernstlicher beuelch, daß Ihr on len-
„gers Verzuch mit dem Convent vnnd also
„alle miteinander esst, auch ernstlich schwe-
„sterlich vund freuntlich miteinander lebt,
„als

„alſo lieb euch ſei unſer ernſtbahr ſtraff vnnd
„Vngnad zu vermeiden.„

Im Jahr 1505 kam auch Matthäus Henkel,
Provinzial des Prediger Ordens in Deutſchland, nach
Frauenaurach zur Viſitation. Die Nonnen begegneten ihm aber ſo unhöflich, daß er ihnen Beicht
und Abſolution verſagte, und den Markgrafen Friedrich um Hülfe erſuchte, ihren Unordnungen zu ſteuern.

Die Entdeckung eines bisher verſchüttet geweſe-
nen Grabſteins hinter der Kirche, auf dem ehemaligen
Begräbnißplatz der Kloſterfrauen, war ſeit einiger Zeit
die Unterhaltung der Frauenauracher, und ſelbſt
der ſelige Conſiſtorialrath Oetter in Markterlbach machte
viel Aufhebens von dieſem Steine und behauptete:
weil er die Grabſtätte einer Priorin bezeichne, ſo
könne ſie auch nicht leer an Reliquien von großem
Werthe ſeyn. Ob ich nun ſchon aus Erfahrung hinlänglich überzeugt war, daß den Mönchen und Nonnen niemalen einige Koſtbarkeiten mit zu Grabe gegeben, vielmehr ſelbige in ihrer Kutte eingehüllt und
ſodann ohne Sarg mit Kalch überſchüttet beerdigt wurden; ſo ließ ich deſſen ungeachtet, nicht ſowohl zu
einiger Beruhigung der Inwohner, welche hier einen
großen Schatz vermutheten, als vielmehr deswegen
den Stein heben und abputzen, um etwa die Grabſtätte der Stifterin *), welche hier begraben liegen
ſoll,

---

*) S. hiſtor. Beſchreibung des Frauenkloſters Himmelkron ꝛc.
Seite 136.

soll, zu finden. Man entdeckte aber nichts als in einer Tiefe von zehen Schuhen Kalch, Gebeine und einen wohlbehaltenen Todtenkopf. Die Gebeine wurden sonach wieder an den Ort ihrer Verwesung geworfen, und das Grab aufgefüllt, indeß die dabei gewesene zahlreiche Versammlung in ihrer Meinung getäuscht sich nach und nach verlohr. Aus der Jahrzahl 1403. und dem auf den Stein gehauenen Wappenschilde mit dem Ordenskreuße war jedoch zu schließen, daß er die Gebeine der Priorin A d e l h a i d  v o n  H o m b e r g deckte.

M a r t h a  v o n  T r u p p a c h, welche 1549. von Marggrafen A l b r e c h t dem jüngern vorgesetzt wurde, war die letzte Priorin, indem bald darauf das Kloster secularisirt und in ein weltliches Amt verwandelt wurde, auch ganz unter Brandenburgischer Hoheit steht.

Die Kirche ist nach der 1552. durch die Nürnberger sie betroffenen Einäscherung ganz massiv wieder erbauet, die Conventgebäude zu Getraidböden, dann bei verschiedenen Ablagern der Marggrafen von Bayreuth zu Casernen und Stallungen für das hier gelegene Husaren-Corps eingerichtet worden. Vorjetzo nimmt die Bierbrauerei einen großen Theil derselben ein. Die Kreutzgänge sind zum Theil verwüstet, so daß man nur hin und wieder auf ein Denkmal der vormaligen Zeiten stößt.

Die Kirche ist von innen mit biblischen Geschichten bemalt. Das Paradies und die Höllenfahrt nehmen die eine ganze Seite ein. Die geschwänzten und gehörnten Teufel, Drachen und Furien mögen in den Seelen der Andächtigen bei der Lehre des Fegfeuers und der Hölle schreckliche Gedanken hervorgebracht haben. Dergleichen Vorstellungen sollten in unsern Zeiten billig ausgestrichen werden.

Löblicher, und zu Stiftungen anlockender scheinen mir die neuern Denkmäler und Glasmalereien an den hiesigen Kirchenfenstern zu seyn. Als die Kirche 1691. ausgebessert wurde, beeiferten sich verschiedene Privatpersonen, etwas dazu beizutragen, und ließen auch auf ihre Kosten neue Fenster machen, sodann zum Andenken ihre Namen und Wappen auf die Scheiben malen, wovon ich Ihnen einige abschriftlich hier mittheile:

Michael Memminger, Hochfürstl. Brandenburg. verordnete Richter zu Stadt Erlang. Anno 1691.

Johann Achatius Bischoff, Verwalter im Kloster allhier Ao. 1691.

Johann Priester von Mispach, Hochfürstl. Brandenburg. Bayreuthr. Rath und Lehens-Inspektor in und um Nürnberg, hat gegenwärtiges Fenster, bey Reparirung der Kirche zum Andenken gestiftet, so geschehen im Jahr Christi 1691.

Es ist nicht zu bezweifeln, daß sich die Feldzüge der Römer bis hieher erstrecket haben, indem eine halbe Stunde von Frauenaurach, oberhalb des Ortes Kriegenbronn, auf einer Anhöhe ein grosser Platz, die Römerreuth benennet wird, und Kriegenbronn in den alten Urkunden Krieg am Bronn heiset, weil der Ort voll von Brunnenflüssen ist. Man findet auch in ganz Frauenaurach, wo man nur eingräbt, unzählige Todtengebeine; daher zu vermuthen ist, daß in jenen kriegerischen Zeiten die Todten in großer Anzahl in hiesiger Gegend begraben worden sind.

Frauenaurach besteht übrigens aus siebenzig Unterthanenhäusern, worunter eine ansehnliche Braun-, Weiß- und Waitzen-Bierbrauerei, eine Brauerei auf eigenes Verzapfen, drei Mühlen und vier mit Tabern-Recht versehene Gasthöfe sich befinden.

An herrschaftlichen Gebäuden sind ausser der Kirche vorhanden: das Pfarr-Amt- und Schulhaus, die ehemalige, bereits angeführte herrschaftliche Caserne, gegenwärtig zu einem Getraidmagazin eingerichtet, die Amtknechtswohnung und zwei herrschaftliche Städel.

Die Produkte dieses Orts und der herumliegenden Amts-Dorfschaften Hüttendorf, Kriegenbronn und Neuses bestehen in Waitzen, Korn, Gersten, Haber, Erbsen, Erdäpfeln, etwas Flachs und Hopfen, viel Toback, auch einigen Stein- und

Kernobſt. Wein iſt in vorigen Zeiten gebauet — und die Weinberge ſind erſt vor vierzig Jahren, wegen Mangel an verſtändigen Weingärtnern ausgehauen worden; doch werden dermalen an den Häuſern noch gute Trauben gezogen. Erſt ſeit zwei Jahren ließ der dermalige Herr Kloſteramtmann Lips wieder ein Stück Weinberg anlegen; auch ſucht er durch ermunternde Beiſpiele den Hopfenbau in Aufnahme zu bringen. Er hat ferner durch Urbarmachung und Cultivirung einer ſonſt öden Strecke Landes an einer ſandigten Berghänge nunmehr einen Garten geſchaffen, deſſen geſchmackvolle Anlage in Rückſicht ſeines unebenen Bodens nachgeahmt zu werden verdient. Man bewundert den erfinderiſchen und ökonomiſchen Geiſt dieſes Mannes, wie er das abſchüßige Erdreich mit geringen Koſten durch Terraſſen unterſtüzte, Spaziergänge und Lauben anlegte, die allenthalben die vortreflichſte Ausſicht gewähren, dann den Boden ſelbſt ſo zu benutzen wußte, daß er nun alle mögliche Arten auch der feinſten Gartengemüßer in Menge baut, und vermöge des ohnehin hier ſehr milden Climas mancherlei Obſtarten, ſelbſt eblere Früchte hier gezogen hat. Manches unfruchtbare Feld in ſeinem Amtsbezirk; manche mit vielen Diſteln und dort häufig anzutreffenden gewiſſen Unkraut bewachſene Wieſen haben es ihm zu verdanken, daß ſie jetzo die beſten in der Markung ſind.

Die Bienenzucht hat unter ſeiner Aufmunterung auch gute Fortſchritte gemacht. Unter einer eigens dazu zu gebauten Verdachung unterhält derselbe vor dem Orte mit einigen Bürgern gegen ein und zwanzig Magazinstöcke, wovon man es schon jährlich auf zweihundert und funfzig Pfund gewonnenen Honig gebracht hat. Nur mangelt es noch an erforderlichen nahen Waldungen, Haiden und Linden, welche leztere jedoch nach und nach angepflanzt werden sollen.

Ich habe Ihnen auch versprochen, zuweilen einige Beiträge vom Charakter, vom Nahrungszustande, auch vom Luxus der Einwohner der Bayreuthischen Provinzen, zu liefern. Ob ich schon unter diesen Artikel auf der kurzen Strecke, die ich bereist habe, noch nicht viel habe bringen, und zur Zeit von der Art sehr wenig beobachten können; so theile ich Ihnen demohngeachtet das Wenige mit, was ich während meines Aufenthalts hier zu bemerken Gelegenheit gehabt habe.

Hauptsächlich giebt sich der wohlhabende Theil mit dem Feldbau ab, verkauft Waizen, Korn und Gersten, und die Weiber bringen Butter, Kraut, Eyer, Erdäpfel, (Kartoffeln) insonderheit Milch, oder sogenannten Kern, nach Erlangen und Fürth zu Markte. Der kleinere und ärmere Theil, oder der Beständner, sucht seine vorzügliche Nahrung im Tobackbau, auf welchen er das ganze Jahr hindurch Schulden zu seinem Unterhalt macht, und zur Herbstzeit aus jenes Erlöß diese und die herrschaftliche Schuldigkeiten berichtigt.

Die

Die in der Nähe, in dem eigentlichen Pfarrspiel liegenden Wiesen sind durchgängig gut, und werden zum Theil aus dem Regnitzfluß, durch eingehängte Wasserräder, zum Theil auch aus dem Grundlach- und Aurachfluß durch Gräben sehr nützlich gewässert. Die Rindviehzucht ist von geringer Bedeutung, weil Hut und Weide schlecht sind, und in Ermangelung derselben großes und kleines Vieh nicht besonders geweidet werden kann. Das Rindvieh ist mehrentheils klein und mager. Indeß befindet sich der Unterthan in dem besten Zustande. Er will zugleich aufgeklärt scheinen, und sich in Gesprächen und politischen Kannengießereien auszeichnen, worauf vielleicht das nahe **Erlangen** vielen Einfluß haben mag. Er übertreibt es in Kleidern und in der Lebensart, und beide Geschlechter gehen bis auf den Taglöhner herunter, so weit sich das hiesige Kirchspiel erstreckt, meistens städtisch. Das weibliche Geschlecht paradiert sogar mit reichen Hauben und seidenen Kleidern. Daher ist es auch auffallend, sie Sonntags in die Kirche vom Lande hereinkommen — oder zu Hause auf den Dörfern im bürgerlichen Staate zu sehen.

Meinen nächsten Brief erhalten Sie von **Streitberg**, und dort schmeichle ich mir, weil mein Aufenthalt daselbst etliche Tage dauern dürfte, von Ihnen Briefe zu lesen.

## Dritter Brief.

Streitberg, am 4. August
1793.

Ehe ich Ihnen meine Bemerkungen über Streitberg und die hiesige Gegenden mittheile, muß ich Ihnen zuvörderst meine Reise von Frauenaurach bis hieher, und vornehmlich das Merkwürdigste von Bayersdorf beschreiben.

Ich mache freilich nur ganz kurze Tagreisen; aber Sie wissen nun einmal die Absicht meiner Reise, und dann bin ich auch öfters gezwungen, mir noch ausserdem gewisse Stationen vorschreiben zu lassen, da nämlich, wo ich Halte machen muß, bis ich frische Pferde bekomme, ein Schicksal, welches mich auch hier traf, indem ich vorgestern nur drei Stunden zurücklegte und schon in Bayersdorf über Nacht bleiben mußte \*).

Von Erlang sage ich Ihnen kein Wort, einestheils, weil ich mich hier nur eine Stunde verweilte, um

---

\*) Der Verfasser erhielt nämlich die benöthigten Pferde jedesmal von den Königl. Aemtern zur Frohn, welche Dienern, wenn sie im Lande in Herrschaftlichen Verrichtungen reisen, durch ein Königl. Frohnpatent verwilliget werden.

um einige gute Freunde zu besuchen, anderntheils, weil Sie diese schöne Stadt und gegenwärtig mehr als jemals blühende Universität ohnehin schon sehr genau kennen, und das meiste darüber anderwärts werden gelesen haben *) **).

Einige Nachrichten von Bayersdorf werden Ihnen indeß gewiß nicht unwillkommen seyn, und dieß um so weniger, je mehr ich überzeugt bin, daß Sie den Ort von Erlang aus öfters besucht und der schönen Ruine, dem alten Schlosse Scharffeneck, einige Aufmerksamkeit geschenkt haben ***).

Bayersdorf liegt in derjenigen Gegend Germaniens, welche in den ältesten Zeiten einen Theil des ehemaligen großen Waldes ausmachte, welchen Ptolomäus und Strabo, den Gabretischen nannten, und der ein Theil des Hercynischen war. Unter diesen Gabretischen Wald, gehörte nicht nur der Fichtelberg, sondern auch der Sebalder und Laurenzer Wald der Stadt Nürnberg.

Nach dem Julius Cäsar waren die ältesten Bewohner dieser Gegend, die Haruden. Nach diesen die Hermunduren, wie wir aus dem Tacitus ersehen.

*) Füßels Tagebuch 2ter Theil S. 237.—315.

**) Briefe über Erlang.

***) Die hier eingerückte kurze Geschichte Bayersdorfs habe ich zum Theil der Güte des Herrn Kriegsraths Baumgärtner daselbst zu verdanken.

sehen. Römische Kriegsheere kamen nicht hieher, sondern nur höchstens, wie oben schon erwähnt, bis in die Gegend von Frauenaurach, dann Gunzenhausen, wo sie sich jenes alte berühmte Werk, die Pfahlhecke oder Teufelsmauer, zur Gränze machten. Die Gegend Erlangens und Bayersdorfs gehörte sonst zu dem Thüringischen Reich. Nach der Zerstörung desselben im Jahr 527 breiteten sich die Bayern in dem mittägigen Thüringen aus, und unterwarfen sich dem König Theodorich. Dieses mittägige Thüringen war der Nordgau. Die Bayern reuteten die Waldungen allerwärts aus, und von ihnen nahm Bayersdorf und Bayreuth, oder Bayern-Reut seinen Ursprung.

Carl der Große hat die hiesige Gegend bereist. Die alte Straße, wovon bei der Geschichte Carls des Großen Kapitel 2. im Jahr 805 gemeldet wird, daß sie von Erfurt aus, durch Vorchheim, Bamberg, nach Regensburg gehe, ist die alte Eisenstraße, welche hinter Bayersdorf nach Brand führet.

Der ganze Strich Landes an der Rednitz hieß das Slavenland; dieser Ausdruck kommt in Urkunden bei Schannat vor.

Im Jahr 793 fuhr Carl der Große, als er an der Vereinigung der Altmühl mit der Rezat arbeitete, um dadurch die Schiffahrt von der Donau aus, in den Mayn zu bewirken, auf kleinen Fahrzeugen an Bayersdorf, auf der Rednitz vorbei, und auf selbiger unterhalb Bamberg in den Mayn.

Weil die Grafschaft Rednizgau mit dem Burggrafthum Nürnberg verbunden worden ist; so ist Bayersdorf in der Folge auch den Burggrafen aus dem Zollerischen Hause unterworfen worden.

Am Magdalenentage 1353 ertheilte Kaiser Carl IV. dem Markt Bayersdorf Stadt-Privilegien, und die Urkunde für die Burggrafen wurde zu Passau ausgefertiget, dann 1355 ließ derselbe zu Rom solche am Ostertage confirmiren, und nachmals durch eine Urkunde bestätigen.

In dem Städtekrieg streiften die Nürnberger 1388 an Mariä Himmelfarth nach Bayersdorf, raubten den Ort aus und verbrannten ihn.

Im Jahr 1391 kauften die Burggrafen dem Abt und Convent zu Münchaurach ihre hier gelegene Klostergüter ab, wohin auch das Schloß Scharfeneck gehörte. Dieses war damals das Landhaus des Abts (was Bonnhof dem Abt zu Kloster Hailsbronn war) welches er bei seinem jedesmaligen Hiersein bewohnte; und da es zugleich mit grausenvollen Gefängnissen versehen war, so erhielt es in jenen Zeiten den Namen das scharfe Eck, daher in der Folge Scharfeneck kam.

Unter

Unter Albrecht Achilles brannte (1449) Kunz von Kauffungen, der bekannte sächsische Prinzenräuber, damalen in Diensten der Stadt Nürnberg, das Städtchen Bayersdorf ab, und raubte es gänzlich aus.

Markgraf Johann, der Alchymist, welcher verschiedene Jahre in Scharfeneck residirte und seine alchymistischen Beschäftigungen trieb, starb hier am 16. November 1464.

Claus von Eglofstein, Commandant von Vorchheim, raubte 1553 am 22. May Bayersdorf abermals aus und legte es mit dem Schlosse Scharfeneck gänzlich in die Asche. Es wurde jedoch von Markgraf Christian wieder ganz massiv und sehr ansehnlich erbaut; allein, kaum war man mit dem Hauptbau unter Dach gekommen, als er schon wieder 1634 von dem Obersten und Commandanten Schläz zu Vorchheim abgebrannt und so zerstört wurde, daß kein Schlußstein, kein Fenstersims ganz geblieben ist. Nicht ohne Bedauern betrachtet man die Ruine eines soliden Gebäudes, welches nach den vorhandenen Planen und Aufrissen sehr weitläuftig und prachtvoll aufgeführt worden wäre. Nach eben diesen Rissen sollte es einen grossen Vorhof, dessen Façade 340 Schuh lang werden, und das Gebäude, nebst den Wohnungen der Hofleute, Stallungen auf neunzig bis hundert Stück Pferde — einen Saal zu

Leibesübungen von neunzig Schuhen in die Länge und
dreißig in der Breite, und grosse Küchen, enthalten.
Das Hauptgebäude hat die Form eines regulären Vierecks und ist vier Geschoß hoch; hat an jeder Ecke
einen Vorsprung von zwanzig Schuhen in Quadrat.
Jede Seite hält hundert vier und vierzig Schuh, und
konnte mittelst eines Grabens von der Rednitz unter
Wasser gesezt werden. Merkwürdig waren seine schönen Keller und Vorwerke, welche leztere durch eine
einzige Ausfahrt mit dem Schlosse in Verbindung
stehen.

Der hier anliegende Generalplan wird Ihnen
mehreres erklären, und die getreue Abbildung den gegenwärtigen Zustand der heutigen Ruine darstellen.

Das burggräfliche Landgericht wurde öfters und
1624 ein fränkischer Kreis-Congreß hier gehalten.

Vermöge eines vom Kaiser Rudolph 1582
ertheilten Privilegiums hat das Keßlerhandwerk allhier
einen Schöppenstuhl und ihre Reichszunftlade, weswegen sie alle sieben Jahre einen Jahrstag halten,
und aus ganz Franken und Vogtland zusammen kommen, welches ehehin auch aus Sachsen, Schwaben
und Bayern geschehen ist.

Obgleich Bayersdorf seit 1634 seiner Mauern
beraubt ist, welche der gedachte Oberste Schläz einreissen und die Steine durch die Einwohner nach
Vorchheim fahren ließ, so ist es doch noch mit drei
Thoren

Thoren verwahrt. Ausserdem besteht der Ort aus vier herrschaftlichen Gebäuden, nämlich dem Amthaus, der Superintendentur, Caplaney und dem Rektorat, nebst noch hundert und sechs und funfzig bürgerlichen Wohnhäusern, aus einer Kirche und Synagoge. Hier ist der Sitz des Oberland-Rabiners vom Fürstenthum oberhalb Gebirgs.

Die Volksmenge bestehet aus 195 Bürgern, 345 Juden-Seelen und mit Einschluß der Schutzverwandten, Weiber und Kinder in allem 1150 Seelen.

Wir verließen Bayersdorf noch vor Aufgang der Sonne, legten in der Dämmerung auf dem ermüdenden Sande eine Stunde Wegs zurück, indeß das allbelebende Licht die Gipfel der zur Seite fortlaufenden Gebirge röthete und nun das weite schöne und fruchtbare Thal beleuchtete.

Der Weg bis **Streitberg** würde wegen des abwechselnden ungemein reichen Landes einer der angenehmsten für Reisende seyn, wenn er nicht als einer der abscheulichsten bekannt wäre. Man berührt auf einer Strecke von fünf Stunden das Bambergische Gebiet, auf welcher Seite, aus mancherlei Ursachen, von Bamberg nicht das geringste an der verdorbenen Straße gebessert wird. Desto sorgfältiger aber wird jene erhalten, welche sich gleich hinter Bayersdorf links über **Vorchheim** zieht und einen weit größern District des Bambergischen Landes durchläuft. Würde

Im Gegentheil die eigentliche Poststrasse von Erlangen über Streitberg nach Sachsen, welche mehrere Meilen Weges abschneidet, nur einigermassen reparirt werden: so dürfte diese frequenter, jene aber nicht mehr so häufig besucht werden.

Reisende scheuen indeß den Weg von Erlangen über Streitberg wegen seiner Abwechslungen niemals; nur Fuhrleute mit belasteten Wägen müssen jene Strasse ziehen.

Hierzu kommt die gefährliche Passage bei dem sogenannten Rumpelwehr zwischen Goßberg und Kircherrenbach, eine Stelle, die den größten Theil des Jahrs unter Wasser gesezt ist, und worinn schon Reisende mit Chaisen und Pferden verunglückten. Diesem lebensgefährlichen Ort ist zwar, wenn man die Strasse rechts fährt, auszuweichen; man verbessert aber nicht viel dabei, weil die Hohlwege von dem überlaufenden Wasser das ganze Jahr hindurch nicht austrocknen und bodenlos sind.

Da wir jedoch vernommen haben, daß jene berüchtigte Furth dießmal nicht gestemmt oder angelaufen sey; so fuhren wir ohne Bedenken darauf zu und fanden, daß das Wasser bei einer Viertelstunde weit in der Strasse auf einen festen mit Kieß vermengten Boden ausgetreten und so seichte war, daß man beinahe zu Fuße durchgehen konnte.

Je

Je näher man gegen Streitberg kommt, je mehr rücken die Berge zusammen. Der sogenannte Walperles- oder St. Walpurgisberg ist der höchste und wird am weitesten gesehen. Auf seiner Spitze steht eine Kapelle, wohin am Walpurgistag zahlreiche Wallfahrten aus der ganzen umliegenden Gegend geschehen, und wo zugleich wegen des auf dem Berge an diesem Tage gewöhnlichen Marktes eine Menge Menschen beiderlei Religionen zusammen strömen.

So bald man Ebermannstadt zurückgelegt hat, öffnet sich eine neue Scene der Natur. Der Horizont wird von allen Seiten genauer eingeschlossen; das schöne weite Thal, welches man mit Vergnügen durchstreift hat, zieht sich immer enger zusammen; die Berge nähern sich, thürmen sich zu beiden Seiten himmelan; graue, geborstene Felswände von mancherlei Formen, streben auf ihren grauen Rücken hervor und Wolken scheinen auf ihnen zu ruhen. Zur Linken erblickt man das Schloß Streitberg, welches aus einer einzigen Felsenmasse zu bestehen scheint, rechts die Ruine von Neideck, im Hintergrund aber eine Reihe von romantischen Gebirgen. Ich bin nun so ziemlich mit den hiesigen alten Raubschlössern und mit der Gegend von Streitberg bekannt geworden. Von der Geschichte derselben, und mehreres von der hiesigen Gegend künftig. Leben Sie wohl.

Vier-

## Vierter Brief.

Streitberg, am 8. August
1792.

Du wirst es nicht vermuthen, meine Beste, daß wir uns seit dem Montag Mittag in dem felsigten Streitberg aufhalten und gezwungen sind, bis künftigen Sonntag hier zu verbleiben. Es fehlt an Pferden: denn die Passage ist seit einigen Wochen so stark, daß immer 20 bis 24 Stücke voraus bestellt werden. Ich verliere inzwischen nichts dabei, weil ich hier täglich neue Gelegenheit finde, mein Tagebuch zu bereichern und die Zahl meiner Zeichnungen zu vermehren. Tägliche Partien in die gebirgigte Gegend, und andere angenehme Zerstreuungen sind Ursache, daß ich erst heute meinen Brief absenden und dir die Begebenheiten meines hiesigen Aufenthalts, wie sie auf einander folgten, mittheilen kann.

Am 5ten August.

Gleich den ersten Tag hatten wir das Vergnügen, einer Feierlichkeit beizuwohnen, die für mich, da ich so gerne im Stillen beobachte, eine der angenehmsten und interessantesten war.

So

So wie sich bekanntlich die **Streitberger** von langen Zeiten her wegen ihrer Tapferkeit gegen ihre feindlichen Bambergischen Nachbarn, die Ebermannstädter, hervorgethan haben: so unterlassen sie auch nicht, sich bei jeder andern Fehde, auch bei Kriegen fremder Nationen, zu interessiren. Aber nie waren sie gegen die feindliche Parthei so aufgebracht, als gegen die Franzosen in dem jetzigen Kriege, und nie waren sie ausgelassener vor Freude, als nach der Eroberung von Mainz, weil diese Wiedereroberung von ihrem allgeliebtesten Könige und ihren deutschen Mitbrüdern bewirkt worden ist.

Es verbanden sich zu dem Ende der Beamte, die Geistlichen von hier und Muggendorf, mit den Gerichtsmännern und verschiedenen Bürgern beider Amtsorte, ein Gastmal wegen der so wichtigen Begebenheit zu veranstalten \*), und diesen Tag mit Musik und Tanz zu beschließen, wozu ich und Christoph von dem Herrn Kastenamtmann Zscherp freundschaftlich eingeladen wurden.

Abends nach fünf Uhr donnerten die Doppelhacken zum erstenmal von den gleichsam in den Lüften schweben-

---

\*) Dieß geschah, ehe noch die landesherrliche Verordnung wegen eines in beiden fränkischen Fürstenthümern an einen Tag zu haltenden Dankfestes bekannt wurde.

benden Streitberger Felsgipfeln, deren Echo vielfach von den Bergen wiederhallte, und das ganze Thal durchbrauste. Dieß war das Signal, daß sich nun die ganze Gesellschaft in dem untern Wirthshause versammlen sollte.

Zwei grosse Tafeln waren mit etlich und funfzig muntern Gästen besezt, und mit eben so frugalen als schmackhaften Speisen versehen, worunter gebratene junge Hühner und Forellen, leztere als ein hiesig vorzügliches Produkt, in Menge aufgetragen wurden. Während der Tafel ertönten Waldhörner, Schallmeyen und Hackbretter, daß man sein eigenes Wort nicht verstand. Diese Musik wurde mitunter bei den Gesundheiten des Königs und der königlichen Familie durch ein lautes Vivat und den Donner der Böller erhöht, und so wurde denn nach der alten Sitte tapfer gezecht und geschmaußt. Welch eine herrlich gruppirte, kontrastirende Scene! welch eine Verschiedenheit in den Charakterzeichnungen!

Hier hörte der Beamte auf, Beamter oder Richter zu seyn; der Geistliche war blos Freund seiner um ihn versammleten Pfarrkinder, und die Frauen von Stande vergassen ihre Würde, ihren Rang, ihre Vorzüge, und waren bereit, dem ländlichen Tänzer die Hand zum Tanze zu bieten. Sie mischten sich in die Reihen der ländlichen Schönen, schwangen und richteten

...ten sich nach dem gewohnten Takte ihrer stampfenden Tänzer; mit einem Wort, so viel Harmonie und so viel wahre Fröhlichkeit sah ich nie bei einem ländlichen Feste. Sogar einige Ebermannstädter waren mit in Gesellschaft, und man schien alle alte Zwistigkeiten auf einige Augenblicke in das Meer der Vergessenheit geworfen zu haben, obschon an dem andern Morgen die gewöhnlich mit Streit und Kampf beginnende Muggendorfer Kirchweih böse Händel mit ihnen und blutige Köpfe besorgen ließ.

Am 6ten August.

Um fünf Uhr früh waren wir auf dem Wege nach Muggendorf; aber nicht um an den heutigen ländlichen Freuden des Kirchweihfestes Antheil zu nehmen, und noch vielweniger, um den kleinen Bürgerkrieg zwischen den Streitbergern und Ebermannstädtern mit anzusehen, wo wir vorm Jahr, wie du weißt, beinahe mit in's Gedränge gekommen wären; sondern um eine der beschwerlichsten Bergreisen zu vollenden, die wir uns fest vorgenommen hatten.

Eine Menge Menschen begegneten uns, und die Ebermannstädter lauerten schon auf halbem Wege bei der strittigen Mühle zu Humberten. Wir holten unsern Cicerone, den Höhleninspector Wunder, aus seiner gebrechlichen Hütte ab, die auf der Stelle zusamsammenstürzen würde, wenn sie sich nicht an des Nachbars Haus anlehnen könnte, und begannen so unsere Wallfarth. Das für den heutigen Tag aufgescheuerte und gepuzte Muggendorf hatten wir bald zu unsern Füssen und konnten so von ferne das frohe Gewühl von Menschen sehen, indeß uns die Musik des Hirtenrohrs, das Geblöcke und Geschell des im Thale und in den Gebirgen weidenden Viehes im lieblichen Wiederhall entgegentönte. Aus den zu beiden Seiten stufenweise und amphitheatralisch fortlaufenden belaubten Gebirgen strebten Felsengipfel in Riesengestalten gleich verfallenen Schlössern empor; auf ihnen schwebte eine herrliche Beleuchtung, die sich in goldenen Staub aufzulösen schien; das Thal lag sanft im ruhigen Helldunkel, und nur zuweilen blinkte die blaue friedliche Wiesent aus demselben hervor. Links sieht man aus der dunklen Waldhöhe die Ruinen von Reideck, und im Hintergrunde die lichten Mauern des Schlosses Streitberg.

Wir erstiegen graufenvolle Klüfte, schwindelnde Felsenhöhen und wandelten auf äusserst schmalen Fußpfaden in dem Gebirge herum. Endlich kamen wir in ein angenehmes romantisches Thal, zu der sogenannten Thosbrücke, wo sich die wilde Aufseeß über Felsentrümmern mit einem heftigen Getöse in die Wiesent stürzt.

Gedan-

Gedankenvoll standen wir eine Zeitlang da, und sahen in stiller Bewunderung dem rauschenden Waldbach zu, der hier von ziemlicher Breite ist, wie er durch mancherlei Spaltungen, welche die aufeinander quer über liegende Felstrümmer verursachen, mit schäumender Wuth herabfiel, während ich es versuchte, eine schwache Zeichnung für dich zu entwerfen, weil ich fühlte, wie wenig ich nach wenigen Stunden im Stande seyn würde, auch nur den hundertsten Theil von dem, was ich jetzo mit meinen Sinnen wahrnahm, mit meiner Phantasie wieder zu erreichen. Es ist freilich nur ein Gedanke, ein schwaches Bild dieses erhabenen Gegenstandes, der weder mit Worten, noch durch Zeichen ausgedrückt oder dargestellt werden kann.

Die manchfaltigen Felsgruppen, welche sich weiter hier aus den hohen Bergen hervordrängen und unten im Thale auf einem dürren Bergrücken wie Ruinen zerstreut herumliegen, sind für diejenigen befriedigend genug, welche nicht gerne dergleichen giganteske Gewölbe und Felsenklüfte in den Muggendorfer und Streitberger Höhlen aufsuchen. Hier liegt alles zu Tage, und die Felsmassen sind oft so täuschend, daß man glauben sollte, man sehe, je nachdem man seinen Standpunkt nimmt, kolossalische Portale, Ruinen von Tempeln und Pallästen, Brücken u. d. g. Da der Fels marmorartig von gelber Farbe, mit dunkelbraun schattirt und hin und wieder bemoost ist: so macht dieß

beim

beim Sonnenlicht eine herrliche Wirkung. Wir streckten uns unter solchen Betrachtungen am Fuße dieses Berges auf das weiche Gras hin, neben einer Quelle, von welcher die Bewohner von Engelhardsberg ihr einziges Trinkwasser in Fäßchen gefüllt auf den Rücken, eine halbe Stunde weit, den steilen Berg hinauftragen müssen, und erquickten uns an dem Anblick der ruhig vor uns vorbeiziehenden Wiesent, aus welcher die Forellen spiegelten und in die Höhe plätscherten; staunten die grüne, üppige Bergkette gegenüber und die um uns herum liegenden Felsenmassen an, worunter die bei Rabeneck, dann die Gaiskirche, die merkwürdigsten sind, indeß wir zuweilen in unsern Betrachtungen von den ab- und zugehenden Wasserträgern, alten Mütterchen und Greisen, denen dieß Geschäfte, wie sie uns sagten, obliegt, auf eine unterhaltende Weise unterbrochen wurden.

Entkräftet und von Schweiße triefend kamen wir in der Dämmerung wieder nach Streitberg zurück; erhielten von unserer freundlichen Wirthin ein einfaches erquickendes Mahl und legten sodann unsere matten Glieder zur Ruhe.

Am 7ten August.

Da wir von unserer gestrigen Fußreise noch sehr ermüdet waren, so begnügten wir uns Vormittags die theils verfallenen und zerstörten Reste, theils das
noch

noch bestehende Hauptgebäude des Schlosses Strelt-berg, welches zu Anfang dieses Jahrhunderts noch von Oberamtleuten bewohnt wurde, näher kennen zu lernen. Der Saal und die übrigen weitläuftigen, aber wegen der kleinen Fenster ziemlich finstern Zimmer, sind zwar nicht mehr mit bärtigen und geharnischten Bildnissen oder antiken Hausgeräthe ausgeschmückt, desto reicher aber jetzo mit Getraide angefüllt. Ein anderes Zimmer verwahrt noch viele alte, jedoch zerstreut herumliegende von Moder und Staub zerfressene Aktenstücke und Amtsrechnungen. Ich fand in den leztern, daß das hiesige Amt zu Anfang des vorigen Jahrhunderts viele Gartenfrüchte und Obst, von hier und aus dem Bambergischen aufgekauft und für die fürstliche Tafel nach Bayreuth geliefert hat.

Zum Beschluß dieses Briefes melde ich dir noch, daß gestern Abends der Koch und einiges Gefolge von der Aebtissin von Quedlinburg hier ankam, und meldete, daß seine Herrschaft heute Mittag hier speisen würde. Er machte sich sogleich zum Herrn und Meister von der schmutzigen Küche, und hätte uns beinahe aus unserm Zimmer vertrieben, wenn ich nicht nachdrücklich dagegen protestirt hätte: denn es sollte für die Hofdamen bestimmt werden, im Fall die Prinzessin über Nacht bleiben würde. Um drei Uhr Nachmittag kam diese schöne Prinzessin, Schwester des unglücklichen grossen Gustav's, Königs von Schweben,

den, mit einem Gefolge von 24 Personen an. Für uns war dieß allerdings eine wichtige Erscheinung, indem wir nicht nur das Glück hatten, diese merkwürdige, mit so vielem Verstande geschmückte Prinzessin kennen zu lernen, sondern auch, da sie meistens gebohrne Schweden zu ihrer Bedienung hatte, leztere in ihrer Nationalsprache zu hören. Die Prinzessin hätte gerne hier übernachtet, wenn es nicht an Raum und Gelegenheit gefehlt hätte.

# Briefe

über

die beiden fränkischen Fürstenthümer

# Bayreuth und Ansbach.

---

## Zweytes Heft.

---

Bögen: F bis K.

Inhalt: Fünfter bis achter Brief, welche die fortgesezte Beschreibung von Streitberg, nebst der Beschreibung von Muggendorf und der in dieser Gegend befindlichen Hölen, enthalten.

Kupfer: Der Druidenstein beym Dillenberg und der Wasserfall bey der Thosbrücke.

Prospekt von Streitberg. Platte 7.

Die Abendseite des alten Schlosses Streitberg. Platte 8.

Die Oswaldshöle bey Muggendorf. Platte 9.

Deren inneres Ansehen. Platte 10.

Preiß: 16 gr. oder 1 Gulden.

---

Erlangen

bey Wolfgang Walther, 1795.

# Fünfter Brief.

Streitberg, am 9ten August 1793.

Da ich Ihnen, Theuerster Freund! in meinem letztern Briefe einige allgemeine Nachrichten über Streitberg versprochen habe; so benütze ich die wenigen Augenblicke meiner Erhohlungsstunden, und theile Ihnen das erste Tagewerk meiner hiesigen Beobachtungen mit. Ich gehe daher bis auf die spätesten Zeiten zurück, nämlich so weit, als die von Streitberg die erste Epoche machten. Sie entwickelt sich in den Fehden des Faustrechts, wo zum Theil ihre Namen in jehen Thurnierverzeichnissen aufbewahrt sind. Denn schon im zwölften Thurnier, welches Kaiser Heinrich IV. im Jahr 1197. zu Nürnberg hielt, wurde eine Anna von Streitberg, gebohrne von Stetten und Wittwe Wilhelms von Streitberg von Seiten der fränkischen Ritterschaft zur Schau- und Helmaustheilung erwählt. Im vierzehnten, welches 1235. eben diese Ritterschaft zu Würzburg hielt, befand sich ein Philipp von Streitberg; im 18ten (1337.) zu Ingelgelheim am Rhein, Ernst von Streitberg; im 19ten (1362.) Gumprecht von Streitberg; und so sind auch in den folgenden Thurnieren und zwar in den Jahren 1403. 1408. 1436. 1479. 1481. und 1486. Edle dieses Namens beigezogen worden.

Ihre Streitsucht, ihre beständigen Ausfälle und selbst die Unsicherheit der vorbeigehenden Landstrasse nach Bayreuth haben wahrscheinlich Anlaß zur Benennung eines Theils des Gebirges gegeben, auf welches sie ihr Stammhaus Streitberg bauten, von wannen eine so weite Gegend beherrscht werden konnte. Die Familie war eine der ansehnlichsten in Franken, und ihre Güter waren beträchtlich. Denn im Jahr 1296., da Berthold von Streitberg mit seiner Gattin Elß, einer gebohrnen von Auffeß, des Stammbaums wartete, besaß dieses Geschlecht nebst Streitberg die Schlösser, Flecken und Dörfer: Ober- und Unterföllendorf, Burggrüb, Ober- und Unterleinleiter, Zechendorf, Greifenstein, Reckendorf, Brunn, Sticht, Heiligenstatt, Siegritz, Draindorf, Veilbrunn, Volkmannsreuth, Laitenhof, Stohrenhof, Sachsengrün, Ebnath, Hartmannsgereuth, Ober- und Untergattendorf, Daschendorf, Oberndorf und andere Orte mehr. Ihre ansehnlichen Besitzungen und ihre Ruhmbegierde ver-

veranlaßten immer Feindseligkeiten, die sie theils gegen ihre mindermächtige Nachbarn ausübten, theils mit andern Edelleuten im Bunde, kühn genug selbst angesehene Reichsfürsten fühlen liesen.

So bekriegten einst (1390.) Reimar und Eberhard von Streitberg den Marggrafen von Meissen, und Ruprecht, Hauns und Wilhelm von Streitberg zogen auch einst gegen den Bischoff von Würzburg zu Felde.

Sie waren bis 1507. in Besitz ihres Stammhauses; dann verkaufte es Georg von Streitberg, damaliger Marggräflicher Amtmann zu Creussen und nachmals Landrichter des Kaiserl. Landgerichts B. N. an das Haus Brandenburg Culmbach, aus folgender Ursache. Sein Vater Eberhard von Streitberg, welcher Ganerbe auf dem Rothenberg war, kaufte mit andern von Abel 1478. den Rothenberg und übertrug seinen Antheil, den er vom Schlosse Streitberg hatte, mit Zugehör und vielen andern Gütern Marggrafen Friedrich und Siegmund den 17. December 1486. zu Lehen. Darüber wurden seine Vettern Leonhard, Peter, Gabriel, Veit und Michael von Streitberg, die vermöge der Lage ihrer Güter Bambergisch gesinnet waren, äusserst aufgebracht. Sie überfielen Streitberg in der Nacht, erstiegen stürmend das Schloß, verjagten Eberharden und beraubten ihn sofort seines Sitzes. *) Dieß gab zu einem ein-undzwanzigjährigen Prozeß Anlaß, welcher vielleicht noch viel länger gedauert haben würde, hätte nicht Eberhards Sohn, wie oben gedacht, Streitberg verkauft, sich auf diese Art von den Verfolgungen seiner Vettern befreit und von Wilhelm von Tanndorf Göppmannsbühl gekauft, wo er den Rest

*) Ohne Zweifel gab diese Geschichte Gelegenheit zu der bekannten Legende: „Zwei Gebrüder von Streitberg „nämlich hätten, der eine Streitberg und der andere „das gegenüber liegende Neideck in Besitz gehabt, der „letztere hätte jenen in Streitberg auf dem heimlichen „Gemach durch einen Doppelhackenschuß getödtet, und darauf sich seiner Güter bemächtiget." Dieß schien freilich, wer die Lage und die, obschon etwas weite Entfernung beider Schlösser kennt, nicht unwahrscheinlich zu seyn. Ueberdieß waren dergleichen heimliche Gemächer, wie man hier in Streitberg noch sehen kann, jederzeit an den Vorderseiten des Hauptgebäudes gleich Erkern, die in der Luft schweben, angebaut. Allein nicht zu gedenken, daß Neideck niemals im Besitze eines von Streitberg gewesen ist, so ist es auch schon vor Erfindung des Schießpulvers, nämlich vor 1380. unbewohnt und nicht einmal mehr im Besitze der Familie von Neideck gewesen. Sie blühete im zwölften Jahrhundert, und in der Folge besaßen die Grafen Poppo und Berthold von Henneberg Neideck, die es schon 1150. dem Hochstifte Bamberg abtraten. Darauf kam es an die Grafen von Schlüsselberg, und nach Absterben derselben fiel Schloß und Amt im Jahr 1347. wieder an Bamberg, wo auch diese Güter bisher noch verblieben sind. Das Geschlecht selbst ist erst vor ohngefehr 200 Jahren erloschen.

Rest seines Lebens in Ruhe und Zufriedenheit verlebte. Von dieser Zeit an blieb Streitberg bei dem Hause Brandenburg - Culmbach. Zwar machte Gabriel von Streitberg, (Herr zu Burggrüb, Heiligenstatt und Veilbrunn) nach einiger Zeit wieder Ansprüche auf das Stammhaus. Gewohnt diesem hohen Hause allenthalben Abbruch zu thun, vertheidigte er seine widerrechtliche Anmaffungen mit der ausschweifendsten Hitze, worüber ein sehr verwickelter Prozeß entstand. Dieser wurde indessen den 27 July 1529. durch ein Austrågalgericht zu Ausbach zum Vortheil des gedachten hohen Hauses dergestalt entschieden: Daß Gabriel von Streitberg allen verursachten Schaden und Kostenaufwand bezahlen, zum Ersatz dem Hause Culmbach seinen Burgstall Heiligenstatt mit neun Sölden erblich übergeben, und dieselben nebst den zwei andern eigenen Gütern zu Rittermannlehen machen mußte.

Nach Beilegung dieses Streits blühete dieses in vier Branchen getheilte Geschlecht noch hundert und ein und sechzig Jahre. Hannß Wilhelm, des Veit Hektors von Streitberg Sohn, gebohren 1625, war nach so vielen Jahren der einzige, der Streitbergs Stamm erhalten sollte. Der Tod rafte alle seine Vettern, nebst ihren Kindern, in kurzer Zeit dahin, und machte ihn dadurch zum einzigen Erben aller ihrer

Gü.

Güter. Hannß Wilhelm war also 1685. Herr zu Strosendorf, Burggrub, Greifenstein, Heiligenstatt, Veilbrunn, Unterleinleiter, Sachsengrün, Ebnath, Hartmannsgereuth, Ober- und Untervöllendorf, Daschendorf und Oberndorf. Er war aber bei dem Heimfall dieser Güter schon 60 Jahre alt, schwach und kränklich, so daß er nach 5 Jahren, nämlich 1690. unvermählt die Welt verließ, und mit ihm zugleich das ganze Geschlecht erlosch. Nach Aussterbung desselben wurde das Amt Streitberg, welches nun schon 285 Jahre zum Hause Brandenburg gehört, in ein Ober-Amt verwandelt und dazu folgende, theils erkaufte, theils sonst schon eigenthümliche Ortschaften geschlagen, nämlich: Streitberg, Ober- und Untervöllendorf, Muggendorf, Hetzelsdorf, Breitenlösau, bis auf fünf Einwohner, dann die Vogthei Thüsbronn und das besondere Aemtlein Hohenschwärz, und verschiedene einzelne Unterthanen zu Pretsfeld, Oberleinleiter, Heiligenstatt, Siegritz, Engelhardtsberg, Albertenhof, Birkenreuth u. s. w.

Bekanntlich ist dieses Amt ganz vom Bißthume Bamberg eingeschlossen, daher es sowohl mit diesen, als mit seinen übrigen Grenznachbarn in beständiger Fehde leben muß, und keinen Tag von feindlichen Anfällen fallen sicher ist. Streitberg ist jedoch auf dergleichen Friedensstöhrungen immer vorbereitet. Zur Verthei‑ digung bedient man sich einiger Doppelhacken auf den verfallenen Mauern des Schlosses, und die Untertha‑ nen sind mit Gewehren, Pulver und Bley hinlänglich versehen. Sie machen die sechste Ausschuß‑Compagnie der Amtshauptmannschaft Bayreuth aus, und ihr je‑ desmaliger Beamter bekleidet die Hauptmannsstelle die‑ ser Compagnie.

Unter den vorigen Oberamtleuten zeichnete sich ein gewisser Ratiborsky von Sechzebus aus, wel‑ cher vor ohngefehr etlichen und sechzig Jahren das Schloß Streitberg noch bewohnte. Er übertraf an Entschlossenheit und Tapferkeit alle seine Vorfahren, und vertheidigte die von den Grenznachbarn mit Un‑ gebühr angefochtene Gerechtsamen seines Landesherrns bei jeder Gelegenheit mit solchem Eifer, daß sie nicht selten mit blutigen Köpfen zurückgewiesen wurden.

Sie werden endlich, mein Bester, dieser trockenen Beschreibung müde seyn, und auch ich sehne mich nach den heutigen unsanften Promenaden auf den steinigten Bergen nach Ruhe und Erholung. Morgen das weitere!

Sechster

# Sechster Brief.

Streitberg, am 10 August
1793.

Man steigt nach dem alten Schlosse Streitberg von der einen Seite am Abhang des Berges einen sehr schmalen, mit losen Steinen besäeten Fußsteig hinan. Schauer und Entsetzen überfallen den, der ihn zum ersten Male betritt. Die Einwohner hingegen sind dessen so sehr gewohnt, daß sie in den steilsten Gebirgen Futter für das Vieh und Brennholz aus dem nahe gelegenen Gehölze sammlen, und diese schlüpfrigen Pfade barfuß, mit schweren Grasbürden auf dem Rücken, hinauf und herunter klettern. Indem sich zur Rechten eine zwei Stockwerk hohe Felswand neben den verfallenen Mauern des Schlosses aufthürmt, erblickt man zur Linken einen grausenvollen Abgrund und unten die Wohnungen gleich Fliegenhäuschen an den Berg gelehnt. Nahe dabei steigt ein anderer rauher ganz isolirter Fels an der Berghänge und zwar gegen das Thal sich neigend, so in die Höhe, daß man glauben sollte, die geringste Erschütterung oder Bewegung in der obern Luft würde ihn den Berg hinunter stürzen. Man nennt ihn den hangenden Stein.

Stein. Aus der beiliegenden Abbildung werden Sie seine Gestalt und wahre Lage am besten ersehen.\*)

Dem Ansehen nach scheint freilich sein baldiger Einsturz zu erfolgen, wodurch denn die im Thale liegenden Häuser Gefahr liefen, zerschmettert zu werden. Die Bewohner sind auch bei großen Ungewittern und Stürmen in banger Erwartung und beständiger Furcht. Man dachte zwar schon seit vielen Jahren darauf, sich diesen gefährlichen und drohenden Feind vom Halse zu schaffen, und es wurden in dieser Rücksicht öftere Untersuchungen angestellt, wie dieser Coloß ohne Gefahr abgetragen werden könnte. Allein niemand wollte sich daran wagen, und niemals würde es auch ohne Verletzung, oder gänzliche Zerstörung der unter ihm stehenden Häuser, ausgeführt werden können. Da er nun gleichwohl Jahrtausende unverrückt stehen geblieben ist, auch zum Glück seine Schwerkraft und sein Druck sich nicht bergab neigt, sondern bergan lehnt; so möchte sein Fall, wenn nicht ausserordentliche Veränderungen in der Natur hinzukommen, noch lange entfernt seyn.

Eine harte Probe hielt er wenige Wochen nach meinem Hierseyn aus; denn ein ausgebrochenes schweres Donnerwetter, mit einem verheerenden Wolkenbruch begleitet, traf die hiesige Gegend am meisten.

\*) Platte 7.

Wir verfolgen unsern schmalen Weg, der sich um die Abendseite des Berges bis an das Thor hinzieht. Das Portal ist nicht aus dem späten Alterthum, und scheint, nach den über demselben befindlichen in Stein gehauenen Brandenburgischen Wappen zu schließen, erst nach der Besitznehmung des Hauses Bayreuth erbaut worden zu seyn. Der ehemalige Burghof ist mit Graus und Schutt angefüllt. Halbzerfallene Mauern, zwischen welchen einsame Kräuter sparsam hervorkeimen; Trümmer von Vorwerkern; eingestürzte Thürme und verschüttete Gewölber sind all die Reste und nunmehrigen Merkwürdigkeiten eines ehemals so mächtigen und bekannten Raubnestes. Blos das Hauptgebäude, oder die ehemalige Wohnung der nachherigen Oberamtleute, stehet noch. Seine weitläuftigen Gemächer zieren keine Rüstungen und Harnische mehr, sondern verwahren gegenwärtig den Segen und den Ueberfluß des Unterthanen, die Getraidfrüchte des Landmanns, welche hie in Menge aufgeschüttet werden.

Vor einigen Jahren kam man auf den Einfall, den Unterthanen, welche ihren Getraidzehenden hieher zu liefern haben, mittelst eines Getraidezugs in die Böden des ohnehin schon hoch genug liegenden Schlosses, einige Erleichterung zu verschaffen. Allein, von so sinnreicher Erfindung auch seine Anlage und der damit verbundene Mechanismus war; so wurde die wohlthäthätige Absicht, obschon das Ganze mehrere hundert Gulden gekostet haben soll, doch nicht erreicht: Der Zug leistete, als er fertig war, bei weitem nicht, was man sich von ihm versprochen hatte. — Die von den Gebirgen ohnedieß schon ermüdeten Getraidbauern müssen also noch ihre lastenden Getraidsäcke nach wie vor auf den Rücken nehmen, und etliche und dreyßig, auch bis funfzig finstere Treppen hinaufschleppen.

Jezt wird diese alte Burg von einem zeitigen Förster bewohnt. Seine Wohnung ist aber ganz abgesondert im Hof auf altem Gemäuer neu erbaut. Ein Gärtchen daneben legte sich derselbe auf einem Platz an, der lange Zeit mit Graus und Schutt überdeckt war, nun aber abgerdumt und urbar gemacht ist.

Ich führe Sie jezt, mein Besser, wieder zum Thore hinaus, auf eine Stelle, wo sie Streitberg von hinten gegen die Einfahrt erblicken und die ganze Gegend in einer romantischen und schauerlichen Lage vor Augen haben. *) Hier finden Sie die oben beschriebene Felswände in einer andern Gestalt: etwas rechts den hangenden Stein, welcher sich den Berg hinunter zu stürzen scheint; im Vorgrunde ragt mitten aus niederm Laubholze ein anderer Fels, gleich einem Kegel hervor, scherzweise der größte Marktstein im römischen Reiche genannt, weil er wirklich die Bambergische und Bayreuthische Grenze bezeichnen soll; im Thale

*) Platte 8.

Thale entdecken Sie den niedern Kirchthurm von Streitberg und links im Hintergrunde über dem gespaltenen Fels die Reste von Reidek, und am Horizont sehen Sie einen Fels, das Quakenschloß genannt, und die ganze Gebirgskette begrenzt unsern Prospekt. -

Wir verlassen unsere Stelle und wenden uns gegen die Strasse, wo schon so mancher Reisende, wenn er von Bayreuth herkam und sich ihm mit einem Male das weite Thal öfnete, ganz begeistert wurde.

Neuere Reisebeschreiber haben sich es zum besondern Geschäfte gemacht, dieses sanfte Thal mit den buntesten Farben zu schildern, und ein Gemälde mit Dörfern und Triften, von einem Flüßchen (der Wiesent), wie von einem Silberfaden durchschnitten, aufgestellt; allein, sie entwarfen ein unvollendetes, unbefriedigendes Bild.

Ich würde Sie nur ermüden, wenn ich alle die bekannten Kraftworte hervorsuchen und damit einen so reichen Gegenstand ausmalen wollte. Ich habe Sie deswegen in den höhern Regionen Streitbergs herumgeführt; Sie mit dem Wilden und Schauerlichen daselbst zuerst bekannt gemacht; und nun denken Sie Sich, da Sie schon so manche schöne Gegend gesehen haben, von oben herab ein ausgebreitetes, abwechselndes, mit Dörfern und Flecken unterbrochenes und zu beiden Seiten von einem fortlaufenden Gebirge eingeschlossenes Thal, das sich etliche Meilen in die Länge zieht, so werden Sie bald ein Ideal von meiner Landschaft haben.

Indem ich so von der vor mir liegenden seegensvollen und schönen Scene der Natur ganz bezaubert auf die Strasse wieder hinunter nach dem Dorfe wandelte, überraschten mich einige alte gute Freunde, die so eben von Bayreuth angekommen waren. Arm in Arm eilten wir unserer Herberge zu, erquickten uns mit einem Essen Forellen, und sezten uns sodann vor's Haus, wo wir bei einer Pfeife Taback einen der schönsten Sommerabende zubrachten.

Zum Beschluß von Streitberg versuche ich es, Ihnen, theuerster Freund, auch einige Nachrichten von dem statistischen Zustande und den Naturprodukten mitzutheilen, auch so viel ich die kurze Zeit meines Hierseyns beobachten konnte, den Charakter eines so betriebsamen, muthvollen und fleißigen Volkes zu schildern.

Vor 75 Jahren sind Pfarrer und Kirche noch zu Unterwöllendorf gewesen; seit dieser Zeit aber sind nun beide in Streitberg, weil hier wegen der durchgehenden Landstrasse ein grösserer Theil von Einwohnern seßhaft ist. Auſſer der Post findet man hier drei Wirthshäuser, und in jedem wird man, so gut es die

Lage des Orts gestattet, bedient. Die meiste Einkehr ist am Berge bei Kaisern, man findet aber auch weiter oben bei Hrn. Mader, eine sehr gute Bewirthung. Die gewöhnlichste Speise, welche Durchreisende am ersten zu verlangen pflegen, sind Forellen, die man hier sehr schmackhaft, in Menge, mithin auch wohlfeil hat. Die Streitberger Forellen sind auch um deswillen berühmt, weil man sie der steten Uebung wegen daselbst, für den Tisch sehr delikat zu bereiten weis.

Eigentliche Bauern trift man hier wenig an, aber desto mehr Handwerksleute, als Schmidte, Sattler, Schumacher, Schneider, Büttner, Zimmerleute, Maurer, Weber, Metzger, Becken, Müller und einen Bierbrauer, der aber sein Geschäfte sehr mittelmäßig treibt. Die Produkte und Getraidsorten bestehen gewöhnlich

Erstens in Korn, Gersten, Waizen, Haber, Erbsen, Linsen und Heidel.

Zweitens in andern Feldfrüchten, als Hanf, Flachs, Rüben, welche berühmt sind und die Gaiseldorfer\*) übertreffen. Die vielen Steine, womit die Felder gleichsam bedeckt sind, erhalten in trockenen Jahren die erforderliche Feuchtigkeit und ihre aufgelösten Kalktheilchen düngen zugleich das feine mit etwas Mergel

---

\*) Ein kleiner Bambergischer Weiler, eine halbe Stunde von Streitberg.

gel vermischte Erdreich. Sie befördern das Wachsthum und verhindern das Unkraut. Dadurch werden die Gartenfrüchte, obgleich nicht so ergiebig, doch viel reiner und körnichter als auf anderem Boden, und die Rüben sind nicht nur saftiger und schmackhafter, sondern auch von ungewöhnlicher Größe. Hier gilt das Sprichwort: Man höre die Rüben wachsen, im eigentlichsten Verstande. Das Wachsthum und Hervorstreben der Rüben muß natürlich die gleichsam hingesäeten Steine in den gebirgichten Feldern aus ihrer Lage und mittelst der obern Luft in Bewegung bringen, die sodann die jähen Berge herabrollen und dadurch ein Gerassel verursachen. Ferner baut man Kraut, gelbe Rüben und Kartoffeln in Ueberfluß.

Drittens Obst. Verschiedene Franzarten von Aepfeln und Birnen. Zwetschgen, Wall- und Haselnüsse giebt es in großer Menge.

Viertens Gartenfrüchte von allen Sorten, besonders guten Spargel, Sattoran und etwas Safflor.

Fünftens. Blumwerk von allerlei Arten. Nelken häufig.

Sechstens. Berggewächse, mancherlei Arten officineller Kräuter, ingleichen gute Champignons, Pfiffer und Morgeln.

Hiervon kann der Landmann ausführen: Korn, Waitzen, Gerste, viel Obst, besonders Zwetschgen, etwas

was Rüben und Rübsamen. Auch hat Streitberg einen gelben Marmorbruch, auf der Höhe an der Bayreuther Strasse.

Die Gebirge, Aecker und Höhlen enthalten allerlei Versteinerungen, z. B. sehr kleine Fungiten, Stücke von Ammonshörnern, Echiniten, Pectiniten, ganz versteinerte Seeigel in einer Art von Hornstein, und eine Menge kleiner Schnecken und Muschelarten. Die Wiesent liefert Forellen in Menge, auch Lachs, Hechte, die man öfters zu 10 bis 18 Pfunden fängt, Eßlingen, Aalruppen u. s. w. *)

Die Viehzucht ist im vordern Amte sehr mittelmäßig, im hintern etwas besser. Leztere mästen ihr Rindvieh im Sommer mit frischem Futter, treiben es nach Nürnberg zum Verkauf, so, daß ihre Ställe im Winter meistens leer und öfters kaum zwei Stiere zu finden sind. Pferde fehlen beinahe gänzlich.

Die Gebirge, meistens mit Laubholz bekleidet, sind im Frühjahr voll Nachtigallen. Man strebt ihnen fleißig nach und bringt sie als Handelswaare ins Oberland, ferner nach Erlang und Nürnberg.

Die ganze Gegend um Streitberg, besonders das enge Wiesentthal nach Muggendorf bis Waischenfeld hat so viel romantische Abwechslungen, daß Dichter und Landschaftenmaler Stof genug zu lebhaften Schilderungen finden. Der Dichter würde im Frühling Philomelens Auf-

*) S. Füßels Tagebuch.

Aufenthalt in einsamen Thälern, in Grotten und Felsenklüften suchen, und des Hochgefühls der Liebe sich freuen. Er würde sich bald einen Ruhepunkt in dem eingeschloßenen schönen Thale, ohnfern der Wethmühle wählen und manche Stunde bei dem Plätschern eines kleinen Wasserfalls weilen, der durch die Gesträuche säuselt und in dem Lenzgesange der Vögel wiedertönt. Bald würde er sich einer majestätischen Felsenwand, dem Brunnstein oder dem Schönstein nähern, aus deren Ritzen Maßholder und niedere Steinbuchen hervorgrünen; sich an den Blumenrand eines weiten Bassins hinstrecken, den Spielen mancher Art bunter Insekten und Schmetterlinge, welche auf der Oberfläche geschäftig hin und her weben, und zulezt noch da ihren Tod finden, zusehen; oder er schleicht an die Wiesent und beobachtet den zückenden Pfeillauf der bläulichen rothgestirnten Lachsforelle.

Der Landschaftenmaler bemühte sich Höhen zu ersteigen, sein Auge an dem weiten Gesichtskreis zu ergötzen und einzelne Parthien aufzunehmen. Nie ist die Natur hier schöner, nie festlicher gekleidet, als im Herbste. Das welkende rothe und braune Laub ist sodann mit falber und dunkelgrüner Farbe schattirt, und, wie vom Sonnenlicht erleuchtet, mit Gelb erhöht und aufgeblickt. *)

Von

*) Wir hoffen versprochener maſſen bald im Stande zu ſeyn, den Leſern eine der treflichſten Anſichten in kolorirten Abdrücken

Von Gestalt sind die Streitberger wackere, untersezte Leute. Sie besitzen eine große Leibesstärke. Herzhaftigkeit und Muth ist der Hauptzug ihres Charakters, welcher an Knaben so wenig, als an Männern verkannt werden kann. Es gilt nur einen Wink, so sind sie beisammen und glühen vor Begierde, die Rechte ihres Landesherrns zu behaupten und zu vertheidigen.

Mit ihrer Herzhaftigkeit ist auch Leutseligkeit und Beredsamkeit verbunden. Sie kennen weder Menschenfurcht noch Schüchternheit, sondern sehen jedem frisch in's Angesicht. Sie sind offenherzig, aber nur unter Freunden und Bekannten; gegen Fremde zurückhaltend, schlau und versteckt. Werden sie von den Ebermannstädtern, ihren abgesagten Feinden, aufgebracht, und wird ihre Kampfbegierde einmal rege; so obsiegen sie gewiß jedesmal, wenn jene ihnen nicht allzu überlegen an Mannschaft sind. Der leztere Einfall der Ebermannstädter in Streitberg ist noch in frischem Andenken. Weiber und Kinder griffen zu den Waffen, wie ihnen solche in die Hände fielen. Zum Andenken jenes nachbarlichen Ueberfalls zeigt man im Amthause noch eine Fensterscheibe, wodurch eine Musquetenkugel und zwar so gefahren, daß solche an der Scheibe, auffer dem kleinen Loch, das sie machte, nicht das geringste zer-

brücken liefern zu können. Es ist diejenige, welche man gegen Streitberg, Neideck und das gegen Muggendorf sich ziehende Gebürge hat.

zerschmettert oder verletzt wurde. Sonst leben sie wieder am dritten Orte mit ihnen auf einem freundschaftlichen Fuß.

Da ihre Vorfahren durch Kriege und damalige schlechte Industrie sehr herunter gekommen sind, so findet man ihre Vermögensumstände noch immer mittelmäßig. Doch giebt es auch viele Wohlhabende. Hieraus können Sie schließen, daß auch ihre Lebensart ganz einfach ist.

Unter Begünstigung und Aufmunterung ihrer jetzigen Beamten, suchen sie sich nicht nur durch äusserste Anstrengung und fleißige Bearbeitung des Feldes, Pflanzung neuer Obstbäume und Anlegung nützlicher Gärten wieder aufzuhelfen, sondern sie werden auch durch die Wachsamkeit der Orts-Geistlichen, von vielen abergläubischen Meinungen und Vorurtheilen, welche noch ziemlich unter ihnen herrschen, nach und nach geheilet und eines bessern belehrt.

# Siebenter Brief.

Streitberg, am 11 August 1793.

Heute müssen Sie mit mir nach Muggendorf, hin zu den unterirdischen Grüften, die gewaltsame Erdrevolutionen gebildet haben; nach jenen Ueberbleibseln aus den Zeiten der Vorwelt.

Keine Gegend im fränkischen Kreise kann reicher an sonderbaren Werken der Natur seyn, als diese. Ihre Höhlen auf und an den Gebirgen, entstanden nach den Beobachtungen des seel. Superintendenten Esper zur Zeit, da die bewohnte Erdfläche als Meerboden unter Wasser gestanden ist; und bei dem allgemeinen Umsturz der Erde, welcher den Meerboden zu trockenem Lande machte, entstanden auch die hiesigen Thäler, welche sich auf etliche Meilen in die Länge erstreckten. Diese Thäler sind wahrscheinlich Strombette gewesen; durch sie ist das vor ihrer gemeinsamen Mündung in der Ebene von Forchheim, Bayersdorf und Erlang liegende Sandlager abgesetzt worden. Die Gebirge sind von ihrem Fuß an, bis auf den Gipfel, mit einem Geschütte von sehr kleinen Kalfsteinen

nen bedekt und mit Schlammerde vermengt. Schlammerde, Sand und Kalkgewölbe gränzen oft so nahe zusammen, daß man ganz deutlich gewahr wird, wie sie von Wassern angespült sind. Selbst die kleinen unzählbaren, an den Seiten der Berge liegenden Kalksteine zeigen, daß auch diese ihre Ecken durch fortlaufende Wasser verlohren haben. Es müssen also mächtige Fluthen durch diese Thäler geströmt seyn, von denen die kleinen Flüsse, welche durch dieselben jezt eilen, versiegene Ueberbleibsel sind.

Der Weg nach Muggendorf schlängelt sich durch ein schmales, üppiges Wiesenthal, neben der fischreichen Wiesent vorbei. Zu beiden Seiten wird es von einer fortlaufenden Reihe belaubter Gebirge eingeschlossen. Rechts erhebt sich aus jungem Laubholz die Ruine von Neideck, des eifersüchtigen Nachbars von Streitberg. Sein halbrunder auf senkrecht stehenden durchlöcherten Felsenwänden erbauter Thurm war nicht einzustürzen. Der Feind richtete gegen seine unbezwinglithe Dicke und Festigkeit nichts aus, und jedes gewaltsame Mittel zu seinem Untergange schien fruchtlos zu seyn. Selbst die alles zerstöhrende Zeit vermochte es nicht, sein Andenken zu vertilgen. Während ich die Ruine aufmerksam betrachtete, und die Zahl meiner Zeichnungen durch einen Abriß von ihr vermehrte, *)

*) Dieser Prospekt wird seiner Zeit in kolorirter Manier nachgeliefert.

versezte ich mich in jene unsichere Zeiten des Faustrechts, wo der Stärkere den Schwächern überfiel, wo
Bruder und Freund, der Reiche wie der Arme, der
Reisende wie der mit seiner Familie unbesorgte Haus-
vater gestört, angefallen und wohl gar vertrieben wurde. Turniere und Zweikämpfe, und mehr dergleichen
Bilder, schwebten vor meinen Augen. Nun trauern
diese furchtbaren Wohnsitze der Vorzeit in ihrem Schutte.
Die weitläuftigen Hallen sind versunken und die Gewölbe eingestürzt, worin mancher sein Leben im Elend
verschmachten mußte. Disteln wachsen an ihrer Stätte
und nur selten betritt ein forschender Wanderer diese
Trümmer deutscher Vestigkeit und Größe und labt sich
an der entzückenden Aussicht.

Auf halbem Wege an der Mühle, mitten in der
Wiese unter jungen Obstbäumen, stehet eine Ruine,
wovon die Legende sagt, daß sie ein Landhaus des im
funfzehenden Jahrhundert so berüchtigten Eppele von
Gailen,*) insgemein Gailing, gewesen sey. Andere behaupten, eine seiner Geliebten habe es viele
Jahre bewohnt. Ich halte diese Ruine für eine alte
Kapelle, obgleich weder von einem noch dem andern
ein Merkmal dieser Angabe an dem Gemäuer zu finden
ist. Lesen Sie den beliebten Roman, Heinrich von
Neib-

*) In Gailenreuth, einem geringen Ort, der bekannt
wegen seiner Zoolithenhöhlen ist, war eines seiner Schlösser.

Neibeck,\*) darüber nach; Sie finden gewiß viel Wahres und Unterhaltendes von diesem Ritter und der hiesigen Gegend darinnen.

Ehe man Muggendorf erreicht, kommt man vor einer Wiese vorbei, die Stille genannt. Als einst Luther nach Muggendorf kam, eilten ihm die Einwohner entgegen. Sie schloßen einen Kreis um ihn, Luther gebot Stillschweigen und fieng an zu predigen. Von dieser Zeit an behielt die Wiese den Beinamen, die Stille. Der Ort Muggendorf ist stolz auf sein Alterthum, und ob er gleich mitten im Bißthume Bamberg liegt, so war er doch einer der ersten, welcher die Reformation angenommen hat.

Der ganze Ort bestehet, ausser dem Pfarr- und Schulhause aus 53 Häusern und eben so viel Unterthanen. Darunter sind 3 Stiftbambergische, 4 von Seckendorfische und 1 von Stauffenbergische Unterthanen. Die übrigen gehören sämtlich mit der hohen und niedern Vogtheilichkeit und dem unbestrittenen Territorium zum Kastenamt Streitberg, welches hier einen untergeordneten Vogt hat.

Die Einwohner leben meistentheils vom Feldbau und sind als ein betriebsames und fleißiges Völkchen be-

---

\*) Heinrich von Neibeck. Ein romantisches Gemälde aus dem Mittelalter. Erlangen in der Waltherschen Buchhandlung 1793.

bekannt. Denn sie haben nicht nur in den neuern Zeiten die steinigen und steilen Gehänge der nördlichen Berge zu guten Feldern gemacht, sondern sie bauen auch an dem Fuße des Gebirges und im Thale viel Obst und vortreflichen Hopfen.

Das Muggendorfer Bier ist wegen seiner Güte noch immer in dem besten Rufe. Jeder Burger hat das Recht, gegen das gewöhnliche Kesselgeld im Gemeindbräuhaus zu brauen und zugleich die Freiheit, seinen Ueberfluß in die umliegende Gegenden, sogar bis Bayersdorf, zu verführen. Es sind 12 mit Tabernrecht versehene Wirthshäuser hier, aber nicht in allen zugleich wird Bier geschenkt. Die Schenke geht nach der Reihe herum, und dieser, den sie trift, hat nach dem dortigen Nationalausdruck den F l i m m e r. *) Vermuthlich bedeutet dieses Wort einen Lappen, anstatt daß jezt derjenige, welcher in selbiger Woche die Befugnis hat, Bier auszuschenken, ein zusammengebundenes Büschelchen von Tannenzweigen aushängt. Auf solche Weise helfen sie einander ihr Bier austrinken, welches den Nutzen hat, da es nur von Einem im ganzen Orte geschenkt wird, daß es immer gut und frisch ist; an ihrer Kirchweih, die auf den 6ten August fällt,

---

*) So sagt man dort auch: Er geht auf die Schlemm, d. i. auf einen Kindbett- oder andern Schmauß; Er geht zu den Knochen, nämlich auf die Metzelsuppe.

fällt, wird sodann der ganze und zwar der beste Bier-
vorrath ausgetrunken.

Das häufige Brandweinbrennen schadet indessen
der Bierbrauerei einigermassen. Es sollen sich über
dreisig Einwohner mit Brandweinbrennen beschäftigen,
der, wie das Bier, wegen seiner Güte in die umliegende Ortschaften bis auf 8 Stunden weit verführt
wird.

Ausserdem hat man hier noch vortrefliches und
schmackhaftes Kernbrod und gute Gaiskäse, mithin,
nebst den Kartoffeln, die nothwendigsten Bedürfnisse
im vorzüglichsten Grade. Uebrigens finden Sie in
Muggendorf die meisten, und im gemeinen Leben
unentbehrliche Professionisten, z. B. einen Bader, Be-
cker, Metzger, Büttner, Färber, Glaser, Maurer,
Müller, Schreiner, Rothgerber, Schmidt, Schneider,
Schuster, Seiler, Wagner, Weber und Zimmerleute.

Der Ort hatte sonst zwei Kirchen, die St. Loren-
zer und St. Sebastians-Kirche. Leztere ist 1632. bei
einem großen Brande, der ganz Muggendorf einäscher-
te, ein Raub der Flammen geworden, wodurch auch
Pfarrbücher und andere handschriftliche Dokumente verlohren giengen. Die übrigen Nachrichten aus dem Alterthum gründen sich blos auf Traditionen. Nach diesen sollen in hiesiger Gegend Heiden gewohnt haben.
Man zeigt in Muggendorf noch den Ort, wo ein Hei-

J            den-

dentempel gestanden ist. Auf dem Platze steht jezt ein Pfarrlehenbares Beckerhaus. Die eigentliche Heidenstadt lag bei Albertenhof, eine Stunde von Muggendorf auf der Höhe. Da aber der ganze Distrikt theils aus Ortschaften, theils Ackerfeldern besteht und voll kleiner Hügel ist; so möchten hier wohl eher Gräber als Wohnungen zu vermuthen seyn.*)

Indessen giebt diese schon so lange dauernde Tradition, der Name Heidenstadt selbst, die gefundenen Urnen und Pfeile, dann die von Wendischen Gottheiten ihren Namen habenden, hier bekannten Flinßsteine Spuren genug an die Hand, daß in dasiger Gegend, wie Esper meldet, vor sechs oder achthundert Jahren (und vielleicht noch früher) ganz andere Völker, als in den übrigen Theilen Frankens, gewohnt haben.

Vor der Reformation hatte Muggendorf auch ein Mönchskloster. Es war nahe an der Kirche, da wo jezt eine bürgerliche Wohnung erbaut ist, und der daran liegende Garten wird noch der Pfaffengarten

---

*) Diese Meinung ist um so zuverläßiger, als ich selbst vor einigen Jahren dergleichen altdeutsche Grabhügel hinter der Veste Wülzburg in einem Steinbuchen-Gehölze der Laubbühl genannt, entdeckt — und darauf untersucht habe. Die nicht ungegründete Vermuthung bestättigte sich auch durch gefundene Menschenknochen, kupferne Armringe, Nadeln u. d. g. Mehr hievon in den folgenden Briefen.

ten genannt. Man fand in den anstoßenden Gewölben verschiedene Gemächer und Spuren von Grüften und Begräbnissen der damaligen Klostergeistlichen, und 1729. grub man in den ersten einen meßingen Mörser mit gelbem Sand angefüllt aus.

Und nun Freund! lassen Sie uns unsern Cicerone, den Höhleninspektor **Wunder** aufsuchen, der seit dreißig Jahren so viele unterirrdische Entdeckungen gemacht, der beinahe alle Naturalienkabinette in und außer Deutschland mit Petrefakten und versteinerten Knochen fremder Thiere, welche er aus den hiesigen unterirrdischen Schatzkammern hervorsucht, versehen, der, nachdem ihn seine Wagner-Profeßion nicht genug beschäftigte, sich unter Anleitung des seel. Hrn. Superintend. **Espers**, und blos als Führer in dem Umgange des Herrn Präsidenten **von Schreber**, des großen Naturforschers, ziemliche Kenntnisse in der Botanik und in dem Naturreiche gesammelt hat, so daß er nunmehr beinahe alle Petrefakten und Kräuter nach den Linneischen Namen, obschon in ziemlich corruptem Latein, benennt. Dieser Mann wohnt in einer gebrechlichen Hütte auf dem Markt, und so wie diese von außen sich zeigt, so harmonirt auch alles innere mit ihr. In einer kleinen Kammer sind seine Schätze, welche aus versteinerten Knochen, Zähnen, Kinnbacken, ganzen Köpfen unbekannter Thiere und andern Petrefakten bestehen,

hen, ausgestreut. Manche würden von Liebhabern theuer bezahlt werden, wenn er nicht zu gut wäre, und öfters aus Noth um ein Geringes loßschlagen müßte. Er verdiente in vieler Rücksicht Unterstützung; und dann wäre die Anschaffung einer Parthie leinener Kittel zu Schonung der Kleider für Reisende, welche die Höhlen besuchen wollen, zu wünschen, wofür man sich gerne eine kleine Abgabe gefallen lassen würde. Lobenswürdig und nothwendig wäre ferner, die gefahrvollen Zu- und Eingänge in einige Höhlen bequemer zu machen, die Oefnungen zu erweitern und sodann mit Thüren zu verwahren.

Wir wanderten also in Gesellschaft noch einiger Freunde, die wir von Streitberg aus mitnahmen, nach dem hohlen Berg, oder der sogenannten Oswaldshöhle, dem größten Werke der Natur, das aus jener allgemeinen Ueberschwemmung entstanden ist. Vor etlichen und zwanzig Jahren kannte man diese schauervollen Grüfte noch nicht, wenigstens nicht so genau als jezt. Der vorhin angeführte Herr Esper bereiste sie im September 1771. zum erstenmal und dann mehrere Jahre nacheinander. Durch seine gründliche Beschreibung lernten wir ihre Eigenschaften, und ihre Produkte, auch die Zoolithen auf 14 illuminirten Kupfertafeln genauer kennen.*) Von ihm kannten wir

*) Ausführliche Nachricht von neuentdeckten Zoolithen, unbekannter vierfüßiger Thiere, und den sie enthaltenden,

wir bis jezt, auffer den Gallenreuther Höhlen, den Schönstein, den Brunnstein, den Hohlenberg, das Zahnloch, das Schneiderloch, das Kühleloch und das Wißerloch. Seitdem sind freilich mehrere entdeckt worden, allein wir haben noch keine ausführliche Beschreibung davon. Ich versuche es also, Ihnen meine eigene Beobachtungen über einige derselben kürzlich mitzutheilen, und zugleich die Lage des hohlen Berges, mittelst beiliegendem Abrisse so viel möglich anschaulich darzustellen.

Hier haben Sie Muggendorf, an dessen mittägiger Seite die Wiesent vorbeirauscht.*) Links schlängelt sich über dem Berge der Weg nach Albertenhof und Weschenfeld. Der Rücken des im Lichte stehenden Berges ist mit Petrefakten von Schaalthieren übersäet. Rechts am Fuß des Berges zieht sich die zum Theil mit Kastanienbäumen besezte Strasse nach Pottenstein und dem Hohlenberg herum. So bald Sie zwey Drittel des Berges erstiegen haben,

so wie verschiedenen andern denkwürdigen Grüften der obergebürgischen Lande des Marggrafthums Bayreuth. Von Johann Friederich Esper. Mit vierzehn illuminirten Kupfertafeln. Herausgegeben von Georg Wolffgang Knorrs seel. Erben in Nürnberg 1774.

*) Da dieser Prospekt in verjüngtem Maasstabe viel verlieren dürfte; so wird er mit den bereits angezeigten Blättern ebenfalls kolorirt erscheinen und das Blatt bei dem Verleger dieser Briefe um 1 fl. rhnl. zu haben seyn.

ben, wenden Sie Sich rechts abwärts von der Strasse. Sie kommen zulezt in ein Dickicht von jungem Laubholz, Masholder, Silberpappeln, und sogenannter türkischer Weide, auf einen Boden, der die kostbarsten Kräuter und Blumen trägt, und erblicken auf einmal am Gipfel des Berges, den Eingang der Oswaldshöhle, einer der interessantesten Grotten, die man sich denken kann. Die Vorderseite des Felsen mag sechzig Fuß in der Breite und achtzehn bis zwanzig Fuß in der Höhe haben. Sonst ist die Oefnung oder der Eingang zwölf Schuh hoch und unten über dreißig Fuß weit gewesen; sie ist aber schon seit langer Zeit vermauert und nur so viel Oefnung gelassen worden, als zu einer Thüre erforderlich war. Der Fels überhängt um ein beträchtliches die Grundlinie des Eingangs, und ist sowohl oben, als zu beiden Seiten mit grünem Gebüsch bewachsen. *) Vor dem Eingang der Höhle herrscht finstere Nacht, zumal, wenn man plötzlich von der hellen Mittagssonne hineinblickt. Indem ich so voll Verwunderung da stand, blies aus dem finstern Schlunde eine so eiskalte Luft, daß es mich zu frieren anfieng, obschon die Hitze an diesem Tage unerträglich war. Es ist daher nöthig, daß man sich erst etwas abkühlt, ehe man in dieselbe eintritt. Sogleich der erste Schritt führt in ein großes Gewölbe, oder

eigent-

---

*) Platte 9.

eigentlich in eine Halle, die aus verschiedenen von der Natur gesprengten Bogen unterstüzt wird. Sie ist am Eingange fünf und zwanzig Schritte breit und gegen funfzehen Fuß hoch.\*) Zur Linken zeigte uns unser Führer, den sogenannten heidnischen Weihkessel, und hier denken Sie Sich noch zwei andere Becken am Fuße der Felsenwand, fast beständig mit eiskaltem Wasser angefüllt, das die Götzendiener der Sage nach zu ihren Lustrationen gebraucht haben sollen.

Das nächst an dieser Höhle gelegene Witzerloch soll nämlich der Ort ihrer Orakel, vielleicht eine Druidenschule gewesen, — und mit dem in Muggendorf gelegenen Tempel, mittelst eines unterirrdischen Ganges in Verbindung gestanden seyn.

Der Fels selbst ist eisenvest, von dunkelbrauner Farbe, und da, wo ihn das gebrochene Tageslicht beim Eingang etwas beleuchtet, spielt er in verschiedenen grünen wie Atlas glänzende Farben. Seine Oberfläche ist mit Stalaktitenmasse oder Steinrinde überzogen, und tausenderlei Naturspiele entdeckt man daran, wenn sie beleuchtet und in der Nähe betrachtet werden. Sie sehen erhabenen Stickereien ähnlich. Ich habe einige Stückchen abgeschlagen, die viel ähnliches mit dem Blumenkohl haben. Das ganze Gewölbe,

wel-

---

\*) Platte 10.

welches aus acht bis zehen Grüften besteht, fand ich im Durchgehen achtzig Schritte lang, doch so, daß man sich zuweilen bücken muß. *)

Beim Austritt hob unser Führer Ochsenmist vom Boden auf, der noch aus jenen heidnischen Zeiten herrühren soll. Wahrscheinlicher aber ist es, daß es Ueberbleibsel von dem im dreißigjährigen Kriege mit seinem Viehe hieher geflüchteten Volke sind. Vielleicht geht es mit diesen und andern Merkwürdigkeiten aus der Vorzeit, wie mit den Heiligenreliquien —

Nächst am Ausgange steigt man durch dickes Gebüsch einen schmalen abhängigen Fußpfad hinan, wo man unmittelbar den schrecklichsten Abgrund erblicken würde, wenn nicht eben dies solchen dem Auge zum Theil verborgen hielt, und kommt endlich mit vieler Mühe

---

*) Esper behauptet, daß weder das Riesengebirge, noch der Harz, oder die Schweizerischen Alpen, und keines der Gebirge Deutschlands, eine Gruft aufzuweisen habe, die dieser gleicht. Indeß wollen einige Reisende der Baumannshöhle doch den Vorzug geben. Auſſer dem Kupferstich, welcher den ersten Band des Journals v. u. f. Deutschland ziert und den Eingang der Baumannshöhle vorstellt, ist mir sonst keine Abbildung von dieser merkwürdigen Höhle bekannt, auf die ich mich dießfalls beziehen könnte. Die Zeichnung des Gegenstandes befriedigt den Neugierigen nicht so sehr, als Geysers geübte Radiernadel, welche dieses Blatt ausgefertigt hat.

Mühe zu der, nach den Namen ihres Entdeckers, des Höhleninspektor's Wunder, also benannten **Wunder-höhle**. Dieß ist die gefährlichste unterirdische Reise nach den hiesigen Höhlen. Denn man legt sich vor dem Eintritt auf den Bauch, und indem man in der einen Hand ein brennendes Licht hält, hilft man sich mit der andern wie eine Schlange durch die engen Krümmungen winden und schlüpft so auf nassen glatten und ungleichen Felsen eine Strecke von 15 Fuß hindurch. Damit ist aber die Reise noch nicht vollendet. Man muß sich sodann über ein Stück abgebrochenen Felsen schwingen und in einen engen Abgrund behutsam hinabklettern. Aber wie groß war mein Erstaunen, da wir uns nach diesem beklemmenden Durchgange wieder in die Höhe richten konnten, und ich nun auf einmal, so weit es bei dem Scheine unserer Lichter, die wir auf Stangen gebunden hatten, möglich war, die entsetzliche Höhe des Gewölbes übersahe. Es öfnete sich eine Kuppel, deren Ende nicht zu sehen war, und deren natürliche Pracht mit nichts zu vergleichen ist.

Um Ihnen jedoch ein Bild von den wunderbaren Naturspielen der hiesigen Grotten im allgemeinen aufstellen zu können; so wird es Ihnen nicht unangenehm seyn, wenn ich eine Stelle des angeführten Esperischen kostbaren Werkes, (Seite 114) aushebe:

„Aussichten in eine schreckliche Ferne, in ein ma-
„jestätisches Dunkel — Ein wahnsinniger Bildhauer
„scheint

„scheint hier seine Werkstätte gehabt zu haben; mit so
„verworrenen Figuren sind die Wände geziert. So
„fallen hunderterlei Desseins, welche angefangen sind,
„in die Augen, von denen nicht eines ausgeführt ist.
„Hier steht eine Console, mit Löwenfüssen unterstützt,
„an der Wand; dort scheint ein Engel mit dem Rücken
„aus den Wolken sich niederzulassen; da ist der Anfang
„zu einer Säule gemacht. Viele Stücke sind einen hal-
„ben Schuh, andere noch mehr, aus den Wänden er-
„haben. Bald ist die Anlage zu einer Cascade gemacht,
„einige Figuren sind völlig glatt, andere rauh, viele
„polirt, diesem scheint die lezte Verfeinerung annoch zu
„fehlen, und wieder andere Gestalten kaum angefan-
„gen zu seyn. Alles ist bald wie mit Wolken, bald
„hervorhangenden Fahnen oder Armen hunderterlei Fi-
„guren ausgeziert."

Diese schauervolle Grotte wurde endlich wieder verlassen, und von meiner Seite nicht ohne Furcht, indem
wir nichts anders übrig hatten, als auf der nämlichen
gefährlichen engen Passage, einer hinter dem andern
wieder zurückzukehren.

Wir stiegen noch eine Stunde auf dem Rücken des
Berges herum, näherten uns einem auf dem höchsten
Gipfel stehenden Felsen, dem sogenannten Quackenschloß, von dessen Höhe man eine der treflichsten Aussichten in die Gebirge hat, und vierzehn Schlösser,

mei-

meistentheils Ruinen, zählen kann. Sie waren vor Zeiten nichts mehr und nichts weniger, als Schlupfwinkel der alten Ritter oder Räuber, von da aus sie ihre Plackereien und Weglagerungen ungescheut und ungestraft ausüben konnten.

Sie können sich leicht vorstellen, daß ich mir für den heutigen Tag genug gesehen hatte, genug in den eiskalten Grotten herumgestiegen war. Wir beschlossen also damit, kehrten hungrig und durstig nach Muggendorf zurück; ließen uns das dortige Bier mit aller Behaglichkeit schmecken, während wir uns mit mancherlei Betrachtungen und Anmerkungen über unsere heutige Wallfahrt und über die Abentheuer, die uns begegneten, unterhielten.

Zum Beschlusse dieses ohnehin schon zu lang gewordenen Briefes, will ich nur, wenn es Ihnen einmal einfallen sollte, die hiesigen Höhlen und Grotten zu besuchen, solche kürzlich der Lage nach sämtlich aufzeichnen. Sie alle genau zu untersuchen, würden wenigstens einige Wochen erforderlich seyn.

1.) Das Gaisloch bei Obernvöllendorf, wo die Landstraße vorbeigeht. Es ist eine sehenswürdige Tropfsteinhöhle, welche seit 1788. entdeckt und von dem Höhleninspektor Wunder den 8 November zuerst bestiegen worden ist. Man muß sich an einem Seil durch ein enges Loch der Klafter tief hin-

hinunter lassen; die unterirdischen Gewölbe sind geräumig und von mannichfaltiger Schönheit.

2) Der Brunnstein, nahe an Streitberg. Er hat seinen Namen von den guten Wasserquellen, welche durch Röhrenfahrten nach Streitberg geleitet werden.

3) Der Schönstein, links am Wege nach Muggendorf. Seine äussere Gestalt und seine Wölbung gleichen einem Triumphbogen, auf dessen beiden Seiten die Natur durch Zufall zwei Felsen, gleich Obelisken, aufgesetzt hat.

Diese drei der schönsten Grotten, können in der Nähe von Streitberg aus besucht werden, ohne daß man Ursache hat, sich deswegen nach Muggendorf zu bemühen. Herr Mader ist freundschaftlich genug, zumal wenn man bei ihm logirt, Fremde als Cicerone zu begleiten.

4) Die Ludwigshöhle.

5) Die obenbeschriebene Oswaldshöhle, oder der Hohleberg.

6) Die Witzenhöhle.

7) Die Wunderhöhle.

8) Das Zahnloch. Dieß hat seinen Namen von den Fangzähnen, welche sonst hier ausgegraben wurden. Auch Stücke von Elephantenzähnen hat man

man ehemals daselbst gefunden; aber seit langer Zeit ist diese Höhle durch herabgestürzte Felsen verfallen.

9) Die Gailenreuther Zoolithenhöhle.

10) Das Schneiderloch bei Rabenstein.

11) Das Kühteloch, und

12) Die Rosenmüller'shöhle, auf der sogenannten Kupf gelegen. Sie führt diesen Namen deswegen, weil der jetzige Herr Profektor Rosenmüller zu Leipzig, bei Gelegenheit seines Aufenthalts als Studierender in Erlangen der erste Fremde war, der sie befuhr. Ihre Entdeckung gehört dem jüngeren Wunder zu. Sie übertrift alle übrige an Schönheiten in Werken der Natur. Hier sieht man große, wie Crystall glänzende, noch von keiner Menschenhand berührte Säulen von Stalaktit, die sich gebildet zu haben schienen, um das mächtige Gewölbe zu unterstützen, welches mit den wunderbarsten Formen und Naturspielen von Tropfstein ausgeschmückt ist. Die Höhle ist bei ihrem Eingange 38 Schuh tief. Nicht weit von der Einfahrt fand man in zwei abgesonderten Haufen die Ueberbleibsel von menschlichen Gerippen, die zum Theil ganz mit Stalaktitenmasse überzogen waren. *)

*) Eine genauere Beschreibung, mit einigen in Kupfer gestochenen Partien, von dem innern Ansehen dieser Grotte, im nächsten Heste.

## Achter Brief.

Bayreuth, am 15 August
1793.

Da Du den Verfolg meiner Reise und die mitunterlaufenden kleinen Begebenheiten zu wissen verlangst; so sollst Du auch jede Kleinigkeit erfahren, und ich beschreibe Dir nun zuerst die Tour von Streitberg nach Sanspareil und von dort nach Bayreuth, ehe ich Dir etwas von meinem hiesigen Aufenthalte melde.

Wir hatten die lezte Nacht in Streitberg kaum etliche Stunden geschlafen, als wir schon wieder in unserer Ruhe gestört und noch vor Anbruch des Tages aus dem süssesten Schlafe geweckt wurden, um vor der eintrettenden Mittagshitze den Ort unserer heutigen Bestimmung zu erreichen.

Vielmals blickten wir zurück in das grenzenlose Thal. Die Spitzen der Gebirge, auf welchen dünnes Gewölke ruhte, vergoldete das allbelebende Feuer. Die fernen Gegenstände entzogen sich nach und nach unsern Augen, und endlich verloren wir solche und unser liebes Streitberg ganz aus dem Gesichte.

Die

Die ordentliche Straße nach Bayreuth ließen wir rechts liegen, indem wir sie, weil wir erst nach Sanspareil wollten, mit einem weit schlimmern Weg verwechseln mußten. Bald zog sich derselbe durch enge oft finstere Hohlwege, bald über Felsen und Klippen, und beständig Berg auf und Berg ein. Wir mußten daher meistens zu Fuße laufen. In drei Stunden kamen wir nach Hohlfeld, einem Bambergischen Städtchen. Es war so eben Jahrmarkt. Wir hielten vor dem Wirthshause, das unser Schwager sehr gut kannte. In einem Augenblick sahen wir uns von fröhlichen und neugierigen Bekannten unsers Führers umrungen und mithin auch verrathen, daß wir von A — herkamen. — "Heisa!" ließ sich eine Stimme aus dem Kreise hören: "Ich bin auch ein Pr—r Unterthan"— Getrunken Freund, sagte ich, indem ich ihm das Glas reichte. Und so gieng's fort, bis unserm Schwager der Kopf schwer wurde und der Wagen zum Thor hinaus rollte. Während uns derselbe im Fahren mit verschiedenen lustigen Stückchen und Anekdoten unterhielt, ward auf einmal unser Vergnügen unterbrochen. Er verfehlte den Weg, mußte über einen Rain quer Feld einlenken — Da lagen wir — Christoph burzelte über mich hinweg, und schärfte beim Fall, doch nur ganz leicht, seine Hand, ich aber kam unbeschädigt davon. Nur mit äusserster gemeinschaftlicher Anstrengung brachten wir den Wagen wieder in die Höhe und waren

nur

nur froh, daß wir sonst keinen Schaden genommen hatten. Um 10 Uhr Vormittag erreichten wir

Sanspareil.

Das reitzende, romantische Sanspareil wird mir mein ganzes Leben hindurch unvergeßlich bleiben. Drei Tage hielt ich mich hier auf. Nur zu schnell eilte der Mittag und zu früh für meine Beschäftigungen der Abend herbei. Wie vergnügt und mit welcher Seelenruhe weilten wir nicht unter dem Felsen der Calypsogrotte vor dem Theater. Meine Phantasie versammelte alles um mich her. Meine Lieben, meine Freunde in A— sah ich auf dem melancholischen Theater herumwandeln; ich hörte die Stimme ihrer Bewunderung im Wiederhall des schauerlichen Hains, und indem ich Ihnen meine Empfindungen mitzutheilen glaubte, war es mir, als ob sie durch das sanfte Säuseln junger Buchen ihren Beifall mir zulispelten. Von keiner Geliebten kann man gefühlvoller Abschied nehmen, als ich hier und von der Sybillengrotte Abschied nahm. Wie ruhig und sorgenlos sitzt man nicht auf weichen Rasenbänken in dem heiligen Dunkel der Mooshütte. Nur durch ein geringes Fensterchen stielt sich zuweilen ein Lichtstrahl zwischen das saftige Laub der schlanken Buchen, welche von unten wie Säulen in die Höhe steigen. Noch oft sah ich mich im Zurückgehen in den düstern Bogengängen um.
Bald

Der Druidenstein im Dillenberg bei Cadolzburg.
Nach der Natur gezeichnet von J. G. Koeppel.

Waßerfall und Gegend, wo sich die Wießent mit der Aufsees vereiniget, bei der sogenannten Thorbrücke, eine Stunde von Muggendorf.

# Briefe
über

die beiden fränkischen Fürstenthümer

## Bayreuth und Ansbach.

### Drittes Heft.

Bögen: L bis O.

Inhalt: Neunter Brief. Beschreibung der Rosenmüllershöhle bei Muggendorf. Mahlerische Schilderung der Gegend von Engelhardsberg, und dem Wiesenthale.

Zehnter Brief. Nebenreise von Streitberg nach Thüsbronn. Historisch und statistische Beschreibung von Thüsbronn und dem ganzen Aemtchen. Anmerkungen über Streitberg und Muggendorf.

Kupfer: Eine Parthie der Rosenmüllershöhle bei Muggendorf. Die sogenannte Wachskammer in der Rosenmüllershöhle.

Die Riesenburg, oder die sogenannte Gaiskirche bei Engelhardsberg.

Preiß: 12 Ggr. oder 45 kr.

Erlangen
bey Wolfgang Walther, 1795.

Bald weilte mein Auge bei einer finstern Grotte, bald vor einem einsamen Eremitenhäuschen, das sich durch einige Reflexe aus dem Walddunkel erhob *).

Nur zwei schlaflose Nächte, theils aus Müdigkeit, theils wegen unserer üblen Lagerstätte, verbitterten einigermassen meinen Aufenthalt in Sanspareil, das wir gestern Mittag verlassen hatten. Noch einige mit kleinen Steinen überstreute Berge legten wir zurück; und dann Beste, näherte ich mich meiner lieben Vaterstadt Bayreuth, die ich nach erhaltenem gnädigsten Rufe vor 22 Jahren noch als Jüngling verlassen und mit Ansbach vertauschen mußte. Ich sahe sie wieder zum erstenmal auf der Höhe von Meyersberg. Ruhig und heiter breitet sich dieselbe von dem Ende der schönen Friedrichsstrasse bis zu St. Georgen in einer beträchtlichen Länge aus. Zur Rechten scheint sie der flache Sophienberg zu beschützen, indeß sich über derselben ein sanfter mit den buntesten Fluhren ausgeschmückter Hintergrund amphitheatralisch darstellt. Man erblickt in demselben das Fräuleinstift Birkeln, das schöne Schloß und Rittergut Colmdorf, St. Johannis, die Eremitage mit einigen aus dem Gehölze

*) Die Leser verweise ich hier auf meine, bei dem Verleger dieser Briefe herausgekommene Beschreibung der Eremitage zu Sanspareil mit schwarzen und ausgemahlten Kupfern.

hölze hervorblickenden Gebäuden, aber an dem andern Ende der Stadt vermißte ich den Spiegel des Sees, oder den sogenannten Brandenburger Weiher, welcher schon seit geraumer Zeit zu Ackerland umgeschaffen worden ist. Am Horizont schloß sich ein Theil des Fichtelgebirges an, woraus sich links der graue **Ochsenkopf**, rechts aber die kegelförmige Spitze des **rauhen Kulms** in einer Entfernung von vier bis sechs Stunden erhob.

Ich bin unfähig zu beschreiben, mit welchen Empfindungen ich den Ort meiner Geburt, nun in Gesellschaft meines Sohnes \*) in der Ferne betrachtete. Jede Gegend, in welcher ich einst als Knabe spielte, als Jüngling lustwandelte, von neuem aufsuchte und mir alles dieß wieder auf das lebhafteste vorstellte. Unter diesen Betrachtungen wurde kein Wort von uns beiden gesprochen. Nur thränende Blicke begegneten einander und zeugten von der überwältigenden Macht geheimer Empfindungen. Mit Entzücken sah nun unser Sohn selbst mit eigenen Augen das alles, was er von mir so oft in Erzählungen hörte; und bei mir wechselten Freude und Wehmuth, je nachdem ich beim Anblick dieser Stadt den Aufenthalt meiner Jugendjahre mit

---

\*) Ich habe bisher zu erinnern vergessen, daß mich mein Sohn auf dieser vaterländischen Reise begleitete, von dem auch manche schöne Zeichnung für diese Briefe gefertigt wurde.

mit seinen manchfaltigen Scenen, ober beim Vorüber-
fahren vor dem Kirchhofe die geliebten Aeltern mir
dachte, deren Gebeine seit dreißig Jahren hier ruhen. — Empfindungen, die durch den Gedanken an
die wunderbare Führung der gütigen Vorsehung ver-
stärkt, meinen Augen Thränen auspreßten, in denen
sie selbst sich wohlthätig ergoßen.

In meinen nächsten Briefen werde ich dich mit
Bayreuth einigermaßen bekannt machen und dir zugleich sagen können, wie mir meine Vaterstadt jetzt,
nach einer Abwesenheit von zwanzig Jahren, gefällt.

## Neunter Brief.

### Streitberg.

Während meines Aufenthalts in Streitberg hatte ich Gelegenheit die Rosenmüllershöhle noch einmal zu besuchen, mich mit mehrerer Musse, als vorhin, darin umzusehen und zugleich das Vergnügen zu geniessen, einige Parthien aufzunehmen. Dadurch wurde ich in den Stand gesezt, dieses erstaunenswürdige Naturwerk ausführlicher zu beschreiben.

Ludwig Wunder, zweiter Sohn des alten Höhleninspektors, der schon eine Höhle, die man nach seinem Namen die Ludwigshöhle heißt, entdeckt hat, kam ohngefehr vor zwey Jahren zufälligerweise auf seinen Wanderungen, auf denen er zuweilen Petrefakten und seltene Pflanzen zu suchen pflegt, an jenen Ort, und entdeckte an der Felsenwand eine Oeffnung, in die er sich bald nachher durch Hülfe eines Seils hinunter ließ. Einige seiner Kameraden folgten ihm und so wurde die schönste und merkwürdigste Höhle der dortigen Gegend

gend bekannt \*). Herr Profektor Rosenmüller zu Leipzig, der damals die innere Beschaffenheit der dortigen Höhlen genauer untersuchte, war kurz darauf der erste Fremde, der sie bestieg; und seitdem ist sie unter den Namen Rosenmüllershöhle schon allgemein bekannt. Sie liegt etwas seitwärts von dem Weg, der nach Albertenhof zu führt, auf dem höchsten Gipfel der südwestlichen Gebirgskette, eine gute halbe Stunde von Muggendorf. Im Vorplatze wölben sich zwischen Felstrümmern und Klüften Gebüsche und Bäume, in dessen Mitte eine schlanke Buche gleichsam Wache hält.

Unser Cyklope bestieg zu erst die acht und dreißig Sproßen hohe Leiter und wir folgten ihm nach \*\*). Ein majestätisches Gewölbe von einer Höhe, die ich nicht zu bestimmen vermag, und vorne von einer Weite von etlichen und dreißig Schuhen sezte uns in Er-

L 3  stau-

---

\*) Vom Scheine des Lichtes geblendet, stürzte damals einer aus der Gesellschaft, jedoch ohne grossen Schaden zu nehmen, als er glaubte, den Boden erreicht zu haben, eine ziemliche Höhe hinunter. Auch ich nahm diese Täuschung wahr, da, wo ich noch zehen Stufen tiefer zu steigen hatte. Eine Warnung für diejenigen, welche diese Höhle künftig bereisen werden.

\*\*) Vorhin mußte man ein Querholz zwischen die Füsse nehmen und sich mit einem Seil hinunterlassen. Der Eingang ist auch neuerlich mit einer Thüre verwahrt worden, wozu Wunder den Schlüssel hat.

staunen. Man fand unten vor der Oeffnung zwei Menschengerippe, Anfangs, ehe man sie berührte, noch der Länge nach hingestreckt liegen, aber so bald man sie antastete, fielen die Knochen auseinander. Vielleicht sind es die Reste zweier Unschuldigen, die zu den Zeiten eines Rabenstein, von Sailingen oder Reibeck ermordet und, um sie den Augen der Welt auf ewig zu verbergen, in jene Klüfte hineingeworfen wurden. Weil die Knochen zum Theil mit Stalaktitenmasse überzogen waren, folglich schon eine geraume Zeit hier ungestört liegen müssen; so läßt sich dieß gar wohl vermuthen.

Jezt folgten wir unserm Führer, anfänglich blos dem Laut nach, und als er uns mit Lichtern weiter begleitete, so sahen wir, daß es einen hohen Berg, den Wunder den Parnaß zu nennen pflegte, steil hinauf gieng, über dessen Auswüchse wir behutsam hinaufklettern mußten. Er erstreckte sich bis an sein äusserstes Ende auf ohngefähr hundert und funfzig Schritte, und besteht aus einem Chaos durcheinander liegender, glatter und zugerundeter Felsentrümmer; eigentlich aus schwarzgelb oder braun versteinerter und übersinterter Kalkerde, Tropfsteinen und tropfsteinartigem Kalkspath \*). Von einer andern Seite, zur Linken, hat man die Idee eines aus dem Hintergrund herabgestürzten

---

\*) Man findet auch eine Art brennbarer Stinksteine in der Gegend.

ten Lavastroms, der unten stille gestanden und sich in den härtesten Felsen verwandelt hat; oder es scheint, als wären hier herabgestürzte Wasser auf einmal durch einen plötzlichen Wink des Allmächtigen verhärtet worden. Große und kleine, aufrechtstehende Tropfsteine, gleich abgebrochenen Säulenschaften oder Holzstöcken sind in Menge vorhanden. Sie haben einen Kern, sind oben zugerundet, in dessen Mittelpunkt das Wasser, welches von der Decke herabträufelt, und immer auf einen und denselben Punkt fällt, sich nach und nach ansezt und auf diese Art bereits Stücke von einem bis vier Schuh hoch geformt hat, wovon oft ganze Gruppen beisammen stehen. Schlägt man kleinere Stücke voneinander, so sieht man das langsame Entstehen und das Wachsthum dieser säulenförmigen Stalaktiten durch Ringe ohngefähr so, wie beim Holze die Jahre bemerkt werden.

Unterirrdische Ausbrüche, Wasserströme, welche nach und nach die Klüfte erweiterten und die Grundveste der Kalkgebirge durchwühlten, beförderten ohne Zweifel den Einsturz eines Theils derselben. Nimmt man an, daß zur Versteinerung eines mäßigen Stückes mehrere tausend Jahre erfordert werden; so dürften die hiesigen mit so großen Stalaktiten versehenen Grotten weit über die Zeitrechnung jener sogenannten allgemeinen Ueberschwemmung, oder Sündfluth hinausgehen. Denn die hiesige Gegend ist voll von Zeugnissen einer
grossen

grossen Zerstörung durch Wasser, die unsere Erde vor undenklichen Zeitaltern betroffen haben mag. In dieser Gährung wurden Gewächse und Thiere aus weit entlegenen Ländern in ganz fremde geführt, wo man ihre Ueberbleibsel, wie zum Beispiel in den Gailenreuther Höhlen noch findet \*). Bekanntlich sind die hiesigen Berge sehr reich an Conchylien, besonders an Ammonshörnern von beträchtlicher Größe, und die Gailenreuther Höhlen sind unerschöpflich an versteinerten Knochen fremder Thiere.

Da ich mich nun zu schwach fühle, eine förmliche Naturgeschichte — oder meine Muthmassungen über die Entstehungsart jener Felsenklüfte mitzutheilen; so verweise ich meine Leser auf Werke dieser Art, und gehe weiter nach dem erhabensten Theil und nach dem Hintergrund dieser in ihrer Art einzigen Grotte. Hier suchte unser Führer durch aufgesteckte Lichter, die er theils künstlich auf den Tropfsteinsäulen zu ordnen wuste, theils auf einer neuen ganz einfachen Art von Kronenleuchtern im Mittelgrunde anbrachte, einen Theil der Grotte zu beleuchten. Es ist eine über vierundzwanzig Schuhe lange Stange mit verschiedenen Absätzen, worauf er seine Lichter steckt, und die er sodann zwischen
den

---

\*) Auch auf dem Harze hat man vor mehrern Jahren in einem Steinbruche, gegen Abend der Stadt Osterode, grosse Knochen fremder Thiere gefunden. S. Gatterer's Beschreibung des Harzes. 2ter Th. S. 11.

den Klüften aufrecht stellt, so daß man glaubt, weil man im Finstern die Stange und deren Arme nicht gewahr wird, die Leuchte hänge am Gewölbe. Auf solche Art wird denn in der Entfernung ein kleiner Theil der finstern Halle beleuchtet. Indeß kamen wir diesem hohen, grotesken Gewölbe um vieles näher, und wir hatten das Vergnügen, beim Scheine der Lichter die unzähligen komisch geformten langen Zapfen besser unterscheiden zu können. Ueber unserm Haupte schwebte vom Gewölbe herab das mannichfaltigste Laubwerk in riesenmäßiger Größe. Muschelartige, der Venus, der Wendeltreppe ähnliche ungeheure Zapfen, zierliche Gehänge, schwebende Kränze, Borten und andere seltsame Gestalten, von welchen nicht eine einzige der andern gleicht, hiengen von der Decke; und noch tausenderlei Spielarten sind hier dem Beobachter zur Schau ausgestellt. Sieht man abwärts, so erblickt man auf den zerstreut herumliegenden Felsentrümmern die niedlichsten von Tropfstein angesetzten Blumwerke, Früchte u. d. g. Blickt man in die Höhe und sieht zugleich vorwärts, so schwindelt einem vor jenem finstern Abgrunde, aus dem man heraufgestiegen ist. Fern erblickt man einen Streifen Tageslicht durch die Kluft, von der man eingetreten ist, das seine Reflexe der Seitenwand so mittheilt, daß sie ein ausserordentlich grosser Pfeiler zu seyn scheint. Das Ganze gleicht einem grossen Tempel, in dem man im Chor des Nachts gegen das andere Ende sieht, wo der blasse Mond durch eine einzige schmale Fensteröffnung schimmert.

Wendet man sich von seinem Standpunkte an die linke hohe Felsenwand, so ist die Imagination wieder mit mancherlei Arten von Laubwerk, mit Teppich behängten kolossalischen Emporkirchen erfüllt, an deren Vorderseite sich eine prächtige, mit eben so viel Kunst ausgeschmückte marmorne Kanzel hervordrängt. Rechts zeigen sich theils unvollendete, theils zerstückte große theatralische Wände. Ein Vorhang, dessen eine Hälfte aufgezogen und die andere stückweise herunter zu hängen scheint. Alle diese bizarren unvollendeten Kunstwerke der Natur sind mit herabhängenden Schnörkelwerken vermischt und scheinen im größten Style der sogenannten gothischen Baukunst aufgeführt zu seyn.

Um nicht in den Verdacht einer Uebertreibung zu kommen; so lege ich zum Beweise eine schwache Abbildung von meinem Standorte, der höchsten Parthie meiner Grotte, bei \*). Denn eine der Natur angemessene Abbildung der ganzen Grotte zu liefern, vermag auch der größte Künstler nicht. Er würde bald ermüden und seine Zeichnung unvollendet lassen müssen. Die Dunkelheit, die ungleiche Beleuchtung würden ihn nicht nur irre führen, sondern auch einzelne Gegenstände selbst dürften ihm mehr Schwierigkeiten verursachen, als die größten Werke der Kunst in der Peters-

kirche

\*) Platte 11.

kirche zu Rom. Man hat indeß noch nicht alles gesehen. Oben im äussersten Winkel schlüpft man auf dem Leibe liegend, wenn man anders seine Neugierde befriedigen will, durch eine sehr enge Oeffnung, von der einem oben die spitzigen Stalaktiten den Rücken aufzuschlitzen drohen, so bald man den Leib in die Höhe richten will. Man gelangt hier in die sogenannte Wachskammer, zu welchem Namen die Wachsgelben Stalaktiten Anlaß gegeben haben.

Ein niedriges Gewölbe von ohngefähr 15 bis 18 Schuhen in der Länge und 6 bis 8 in der Breite, verwahrt eine so unzählige Menge großer und kleiner Stalaktiten, daß man, so bald man die schornsteinartige Reise zurückgelegt hat und etwas mehr Raum bekommt, das Haupt empor zu heben, von Verwunderung und Erstaunen ganz betäubt wird. Rechts in demselben wird eine hervorragende Felsenwand von einer vier Schuh hohen und im Durchschnitt einen Schuh dicken Säule unterstützt. Der Tropfstein von oben begegnete dem untenaufsteigenden, bis endlich beide, wie alle dergleichen Säulen, eins wurden. Am Ende hängt ein runder Stein, der die Form eines Kürbis hat, nur daß er hier viel größer ist *). Man will öfters die Kunst an einzelnen Stücken bewundern, so täuschend sind die herabhängenden Stangen. In diesem finstern unregelmäßigen Gewölbe, das nur von dem matten Schimmer

*) Platte 12.

mer meines Lichtes beleuchtet wurde, weilte ich über eine Stunde. Ein musikalisches Spiel des träufelnden Wassers, gleich dem Geflüster geschwätziger Nymphen unterbrach die schauerliche Stille, und die benezten Zapfen glänzten mir wie Crystall entgegen. Ein emporstehender Stalaktit diente mir zum Sitz, und kaum hatte ich meine Zeichnung entworfen, als das Licht, was ich in der einen Hand hielt, zu Ende gehen und ein anderes verlöschen wollte. Wehe dem wißbegierigen Wanderer, wenn ein eifersüchtiger Triton ihm dasselbe auslöschen würde! Wer könnte den Rückweg in dieser schwarzen Finsterniß finden?

Künstler aus den mittlern Zeiten haben ehehin Altäre, Sakramenthäuschen, Grabmäler im gothischen Geschmack geschnitzt, in Stein gehauen, oder in Metall gegossen, wie noch viele dergleichen Arbeiten in alten Kirchen anzutreffen sind. So kommen mir einige der kleinern Grotten mit ihren Naturspielen vor. Nur mit dem Unterschiede, daß hier nichts Ganzes, nichts Vollendetes — lauter abgebrochene Stücke zu sehen sind und — daß die Einbildungskraft mit zu Hülfe kommen muß. — Wunder stak in einer andern, gleich daranstoßenden Höhle, die er das Allerheiligste nennt. Er unterhielt uns darin, mittelst Berührung der Stalaktiten, auf eine Art, die den harmonischen Tönen eines Glockenspiels nahe kam.

Das feyerlichste Schauspiel ist dasjenige, wenn man auf dem höchsten Theile des Parnasses, im Hintergrund einige Lichter brennen läßt und sodann auf der Rückkehr aus der Tiefe hinaufblickt. Die Scene ist so schön, daß man glaubt, in ein erhabenes unterirdisches Grabmal — oder in eine finstere Kapelle zu sehen, in welcher der Aberglaube ein ewiges Licht unterhält.

In stiller Bewunderung blieben wir eine Weile in dem weiten und mächtigen Gewölbe stehen. Ein einziges Licht brannte noch im Hintergrund auf dem höchsten Theile des Parnasses, das wie ein kleiner Stern in der dunklen Atmosphäre flimmerte. Mit welcher Rührung, und mit welchem Gefühl von Dankbarkeit gegen den Schöpfer wir diese Höhle verließen, vermag ich mit Worten nicht auszudrücken. Wir bestiegen dann die Leiter wieder und bei jeder Sprosse warfen wir einen Blick auf jenen erhabenen und erleuchteten Gegenstand zurück, als wir plötzlich wieder des frohen Tageslichtes uns freuten.

Ob es gleich in dieser Grotte bei weitem nicht so kalt ist, als im hohlen Berg, dessen scharfe Zugluft erstarrend macht; so war es doch eine Wohlthat für uns, wieder im Freien zu seyn und frische Luft athmen zu können. Vor der Grotte ist eine Bank zum Ausruhen, auf der man dieß in vollem Maaße genießen — und zugleich durch die Felsenkluft in den Schoos des tiefen Thales sehen kann. Am Fuße des Berges liegt

liegt Muggendorf, an deſſen mittägiger Seite die Wieſent vorbeirauſcht, und gegenüber eine andere Bergkette ſich aufthürmt.

### Beſchreibung einer kleinen Bergreiſe.

Nachmittag machten wir eine kleine Fußreiſe nach Engelhardsberg und dann in die dortige Gegend, um andere, jedoch zu Tage liegende Schauſpiele der Natur zu ſehen. Der Ort liegt auf einem hohen Bergrücken und beſteht aus 40 Feuerſtellen oder Unterthanenſchaften. Unter dieſen ſind 15 herſchiedenen Herrſchaften unterthan, die übrigen aber gehören in das Königliche Kaſtenamt Streitberg. Er iſt ganz mit Baumgärten umgeben und mit denſelben ſo vermiſcht, daß man die Häuſer unter den vielen Obſtbäumen kaum gewahr wird. Auf ihren ſteinigten Feldern bauen ſie gleichwohl Hanf, Kraut, Rüben und Heidekorn vorzüglich, übrigens alle andere Feldfrüchte nach Bedürfniß. Mit Verwunderung betrachtete ich ihre Herbſtfluren, die wie eine Muſtercharte von mancherlei Grün und Blau regelmäßig abgetheilt ſind.

An trinkbarem Waſſer fehlt es ihnen gänzlich, welches die Bergbewohner eine kleine halbe Stunde im Wieſenthale von einer einzigen Quelle holen \*). Zum übrigen Gebrauch haben ſie einige Waſſerſammlungen, oder Hüblen, wie man ſie dort nennt. In trockenen

\*) S. S. 38.

nen Jahren leiden Menschen und Vieh hieran grossen Mangel.

Der Ablitzstein, ein isolirter, einem verfallenen Schlosse ähnlicher Fels, auf dem höchsten Theile des Bergrückens, ist kaum eine Viertelstunde von Engelhardsberg entfernt. Er wird meistens wegen seiner schönen Aussicht besucht. Gegen Mittag sieht man in die waldigten Gebirge, aus denen mehrere Schlösser dem Blicke sich darstellen, gegen Morgen aber beherrscht man eine weite, ausgebreitete Landschaft. Von Sanspareil, welches 6 Stunden entfernt ist, sieht man das alte Schloß mit seinem runden Thurme, ferner Neideck, Streitberg, Wüstenstein, Pottenstein u. s. w. liegen in einem Kreise von zwei bis drei Stunden herum. Das Quackenschloß, ein anderer großer Fels, liegt gleich dabei. Von beiden Benennungen hörte ich in der Gegend keinen Grund angeben, da doch dergleichen Namen nicht ohne Ursache durch Tradition fortgepflanzt werden.

Vom Ablitzstein aus geht man rechts, um die Ruine einer sonst sehr berühmten Wallfarthskapelle zu sehen. Es ist die St. Bartholomäuskirche auf dem heil. Bühl, in Bayreuthischer Fraisch an der Bambergischen Gränze gelegen. Sie war ein Filial von Muggendorf und noch vor wenig Jahren wurden jährlich am Bartholomäustage auf den Ruinen

von

von dem Muggendorfer Pfarrer Kirche gehalten und gepredigel.

Jezt lenkten wir Berg ein, und zulezt trafen wir auf eine jähe felßigte Hohlgasse, die sich um das Holz herum — und nach der Schaubermühle, auch Schotten- eigentlich Schattenmühle genannt, hinunter zieht. Es scheint unglaublich zu seyn, daß dieser Weg mit Anspann passirt werden kann, und gleichwohl geschieht es; indem die Engelhardsberger nicht nur ihre besten Wiesen in dem schmalen Thale besitzen, sondern auch der Müller seine gemahlene und ungemahlene Früchte hier ab- und zuführen muß. So überwinden Menschen und Vieh das Ungemach und die Beschwernisse, mit denen sie schon von ihrer Entstehung an bekannt werden, indeß Tausende, welche nur selten in solche Gegenden kommen, es für unmöglich halten, sie zu bekämpfen und zu überwinden. Die Mühle liegt eines Theils am Fuße der diesseitigen Gebirgskette und wird von allen Seiten beschattet, andern Theils ist ihre Lage so einsam, daß mich selbst, bei dem Anblick der sie allenthalben umgebenden Gebirge und Felsengerippen, Schauder und Entsetzen ergriff. Hier giengen wir über die Wiesent und längs dem Thale neben derselben hinauf, um die gegenüber liegenden sonderbaren Felsgruppen desto besser betrachten zu können.

Man bemerkt, wie die Gerippe, die Pfeiler unsers Erdballs, durch gewaltige Ströme zu Tage gebracht und durch ihre aufgelösten weichen Kalktheilchen zu so wunderbaren Formen gebildet worden sind. Hier stellt der senkrechte Fels eine Mauer vor, die allen menschlichen Kräften widersteht; dort schwebt auf seiner äussersten Höhe eine Felsenlast, ein abgesonderted Stück, wie von Menschenhänden hingesezt; sie scheint auf den kleinsten Wink loszubrechen und den Wanderer begraben zu wollen. Zwischen seinen aneinanderhängenden Massen kontrastirt das faulgrüne Moos, das dazwischen hervorbricht; dort heben sich dünne Sträucher, zwischen den Spalten des Steins geklammert, und hängen in der Luft, durch seine Trockenheit verdorrt. Sie neigen ihr sterbendes Haupt gegen den Berg, worauf sie erzeugt worden und der ihnen nun doch den nöthigen Unterhalt versagt. Weiterhin bilden sich verfallene Palläste, an deren Vorderseiten man zerstöhrte Portale und gewölbte Eingänge gewahr wird. Wagt man sich in das Innere, in die ausgespühlten Theile, so verirrt man sich in graufenvollen Gewölben und Grüften. Tausend groteske Erscheinungen wechseln miteinander ab, und die unwillkührliche Schöpfung der Zeit trägt hier das Gepräge menschlicher Kunst. Einer dieser Felsen hat den romantischen Namen, die Riesenburg, *) ein anderer wird die Gais-

*) Platte 13.

Gaiskirche, oder das Gaisloch genannt. Ursprünglich rührt die leztere Benennung von den hier weidenden Gaisen her, welche sich unter diese Gewölbe im Schatten zu lagern, oder ein sicheres Obdach bei Gewittern und Stürmen zu suchen pflegten.

Wir verließen endlich das schauerliche Thal und kamen bei finsterer Nacht wieder nach Streitberg in unser Quartier zurück.

## Zehnter Brief.

Streitberg.

Eine Nebenreise nach Thusbronn, dachte ich, gehört mit in deinen Plan, weil es als ein, Streitberg untergeordnetes Amt, allerdings zum Ganzen gehört. Ich schickte mich also dazu an, so böse mir auch der Weg dahin beschrieben wurde.

Der Ort ist so abgelegen, daß ausser denjenigen, welche etwa Geschäfte dahin rufen, nur selten sich ein Fremder hieher verirrt. Der Weg ist nicht nur gebirgicht und enge, sondern auch größtentheils so steinicht, daß er kaum zu passiren ist. In den Hohlgassen läuft man beständig Gefahr, von dem in die Strasse hereinhängenden Gesträuche etwas zu freundliche Liebkosungen

gen zu bekommen. Eggloffstein ist der einzige merkwürdige Ort auf jenem Weg. Das Schloß liegt auf einem schroffen Felsen. So viel kann ich Ihnen sagen, mehr sah ich nicht: denn der Himmel war zu trüb und der Regen zu anhaltend, und daß es im Orte selbst einen steilen Berg hinangeht, dieß merkte ich in meiner zugemachten Chaise, weil ich immer befürchten mußte, unsere entkräfteten Pferde würden das Ende desselben nicht erreichen. Wir brauchten fünf volle Stunden, die man sonst zu Fusse in vieren zurücklegt.

Thüsbronn ist nebst seinen einverleibten Ortschaften ganz mit fremden Herrschaften umgeben und wird von einem, dem gedachten Königlichen Amte Streitberg untergeordneten Vogt verwaltet, der zugleich ein gelernter Jäger, und Forster, dann die hohe und niedere Jagd mit zu versehen geschickt seyn muß. Es ist eine der ältesten Besitzungen des Hauses Brandenburg und sein Anfall verliert sich in das graue Alterthum. Dieß bezeugen selbst die wenigen Worte, welche am Eingang des alten 1525. gefertigten Saalbuches stehen.

„Item, Düsbronn, das schlos, samt dem
„Dorf nebst Heidhof ist der Herrschaft *)
„mit aller hoen fraißl. vnd niedrigen
„Obrigkeit gepotten vnd verpotten, so
„weit sich das, zu dorff vnd veldt mit sei-

*) nämlich Brandenburg-Bayreuth.

„ner markung erstrecket, wie aber das-
„selbig an die herrschaft komen, ist dies
„orts niemants bewußt."

Ausser einigem Gemäuer des längst zerstörten Schlosses und dem dicken viereckigten — zum Theil abgetragenen Thurme, welcher vor Alters mit dem Schloßgebäude zusammenhieng und oben eine Batterie hatte, mit der man die ganze Gegend bestreichen konnte, findet man nicht die geringste Spur, weder Wappen noch Jahrzahl, welche allenfalls sein Alter, oder seine vorigen Besitzer bemerkbar machen könnten. Das einzige und älteste Denkmal ist in der Kirche vor dem Altar eine in Mössing gegossene Grabschrift, des damaligen Amtmanns, nebst seiner Gattinn. Oben ist der Wappenschild, in dessen einem Felde ein aufrechtstehender Löwe und ein Fisch, in dem andern ein Bärenkopf, auf dem Helm aber ein Bracke mit den zwei Vorderfüssen und einem langen in Schnörkelwerk auslaufenden Schweif befindlich sind. Unten zu beiden Seiten liest man:

| Año dm 15 ☐ am ☐ nach ☐ starb dē edel vnd vest merten muffel von Ermreuth Amtman dieser zeit zu Tuefsprun dem Got genedig sey. | Año dm: 1547. am Montag nach Johannis baptiste starb die edel und ☐ tugendhafte Frau Eufrosina merten muflin geborn vo. Egloffstein dē got gna.*) |

*) Ich kan mich kaum enthalten, bei den so einfachen und ausdrucksvollen altdeutschen Ehrenwörtern edel und vest,

edel

Die Kirche steht auf dem Berge; sie ist alt, schmutzig und von der einen Seite in den Felsen gebaut. Deswegen ist sie auch beständig feucht, ungesund und im Winter, da die Wände beinahe mit Eis überzogen sind, haben die Einwohner sehr viel von der Kälte auszustehen.

Der Boden ist durchaus steinigt, voller Felsen, aber doch fruchtbar. Auf den Feldern findet man eine Menge kleiner Conchylien, versteinerte Knochen u. d. g. Der Wieswachs bedeutet fast gar nichts, der Feldbau aber ist desto besser und ergiebiger.

Das ganze Amt besteht aus drey Dörfern und einem Gute, dessen gegenwärtiger Zustand nach folgendem Verzeichnisse zu beurtheilen ist.

1) Thüsbronn hat

    44 Feuerstellen oder Häuser,

    35 Scheunen und

    41 Mannschaften, darunter dermalen zwei Wittwen, welche Hufen vorstehen. Unter diesen sind ausser dem Königlichen Beamten, Pfarrer und Schulmeister

    1 Bierbrauer, zugleich Wirth;

    1 Hirt, 2 Leineweber nebst 1 Gesellen, 1 Maurer

1 Mül-

edel und tugendhaft einen mitleidigen Blick auf das gezierte und bedeutungslose Gepränge unserer neuern Titulaturen zu werfen. Ist es doch, als ob man sich der Tugenden selbst begäbe, da man ihrer Namen sich schämt!

1 Müller mit 2 Gängen, 1 Schmidt, 2 Schneider, 3 Schuhmacher mit 1 Gesellen, 3 Schlächter und 1 Zimmermann.

Diese besitzen zusammen:

461 ½ Tagwerk Feld und nur

25 ⅞ Tagwerk Wiesen.

Eigentliche Wiesen giebt es gar nicht, sondern die Baum- und Grasgarten vor ihren Höfen oder Häusern vertreten die Stelle. Auch Huth und Weide sind schlecht, voller Felsen und Klippen, weswegen sie niemals ausgemessen worden sind. Denn

30 ½ Tagwerk Holz.

Sämtliche Güter sind vertheilt in 12 halben, 15 Viertel und 2 Achtelshöfe.

2) Hohenschwärz, hat 20 Feuerstellen oder Häuser und 19 Scheunen.

299 ⅝ Tagwerk Feld,

15 ⅝ Tagwerk Wiesen

20 ½ Tagwerk Holz. Diese Güter besitzen größtentheils 28 Mannschaften, darunter gehören 1 Bierzapfer, 2 Leinenweber, 1 Maurergesell, 1 Schäfer, 1 Schneider, 1 Schuhmacher.

3) Haidhof, hat 6 Feuerstellen 6 Scheunen

57 Tagwerk Feld,

4 Tagwerk Wiesen,

4 ⅝ Tag-

4⅜ Tagwerk Holz. Dazu gehören 6 Mannschaften, 1 Leineweber, 1 Maurergesell und 1 Schäfer ausgenommen.

4) Höfles, ein Gut, welches in dem Nürnbergischen Ort dieses Namens liegt und halb Vogthei — halb Thusbronner Pfarrlehen ist.

Es besteht in

⅛ Hof, oder 6 Tagwerk Feld, 1 Feuerstelle und 1 Scheune, darauf eine Mannschaft ist.

Im ganzen Aemtchen sind 2 Pferde, die der Wirth in Thusbronn hält, 54 Stück Ochsen, 165 Kühe, 14 Stück junges Vieh, 164 Mutterschaafe, 58 Hammel und 85 Schweine.

Roggen, Gersten und Haber werden am meisten gebaut: Die Thusbronner Aussaat ist z. B. 1 Mees Waitzen oder Dünkel, 14 Simra 5⅜ Mees Roggen, 8 Sra 15 Mees Gersten, 10 Sra 1 Mees Haber und 1 Sra 4½ Mees Erbsen. Die hiesigen Kartoffeln sind zwar nicht von den größten, doch von vorzüglicher Güte. An gutem Obst fehlt es auch nicht.

Man sieht hieraus den ganzen Zustand ihres Feldbaues und ihrer Produkte. Der Mangel des erforderlichen Futters wird durch die sogenannten Rangers, eine Art rother Rüben, welche ungemein große und schmackhafte Blätter treiben, womit das Vieh im Sommer und mit der Frucht selbst im Winter gefüttert wird, dann Rüben- und Schmalsaat ersezt.

Von

Von Jugend auf gewohnt, ihren sterilen Boden zu bearbeiten, genießen die Einwohner dabei die festeste Gesundheit und werden sehr alt. Besonders ist das weibliche Geschlecht gut gebildet. Ihr vortreffliches Bier, welches sie natürlich gerne trinken — und ihre gewohnte gute Kost, tragen bei ihrer harten Arbeit viel dazu bei. Und, ob sie schon im eigentlichen Verstande nicht unter die wohlhabenden zu zählen sind, so leben sie doch in einem gewissen Wohlstande. Hier genießt man die Kartoffel nicht, wie sonst im Oberlande gewöhnlich ist, als eine alltägliche Speise, sondern sie bedienen sich solcher nur als einer Nachspeise und dann erst, wenn andere Lebensbedürfnisse im Winter und im Frühjahre ausgehen wollen. Ihre gewöhnliche Speise ist Milchbrei, Grießbrei wöchentlich zweimal; Gerste mit Petersilien, Klöse mit Petersilien (der überhaupt häufig genossen wird, weil er aus dem Nürnbergischen hieher in Menge zu Kaufe gebracht wird) und gedörrtem Rindfleische, oder gedörrtem Obst, auch andere Gattungen von Gemüsen. Sonntags haben sie gemeiniglich Klöse mit gebratenem oder gedörrtem Schweinenfleisch, das einen Hand hohen Speck haben muß. Des Morgens giebt es durchgehends Suppe und Abends dieselbe mit einer Zuspeise von Kartoffeln, oder etwas von Eyern. Auf Hochzeiten, Kindtaufen, welche leztere hier Kindskirchweihen heißen, und an andern Jahrsfesten, wird tapfer geschmaust.

Ich

Ich schließe mit einigen allgemeinen Anmerkungen über Streitberg und Muggendorf und eile nach Bayreuth. Von dieser Stadt werde ich Ihnen noch manches mittheilen, das Sie in neuern Schriften vermißt haben, und dann in das Fichtelgebirge meine Reise weiter fortsetzen.

## Anmerkungen über Streitberg und Muggendorf.

Forschbegierige Reisende und solche, welche hauptsächlich die Muggendorfer Höhlen besuchen wollen, thun am besten, wenn sie in Streitberg logiren. Denn, da Muggendorf nur eine kleine Stunde von Streitberg entfernt ist, und die vornehmsten Höhlen (ausgenommen die Gailenreuther Zoolithen- und Motas-Höhlen) entweder bei Streitberg, wie z. B. die Oberföllendorferhöhle, der Schön- und der Brunnstein, oder in der Nähe von Muggendorf anzutreffen sind; so können sie von da aus sehr bequem ihre Besuche machen. Ich habe oben schon erwähnt, *) daß man in der neuen Post bei Kaisern gut logirt, und eben so gut bewirthet wird; doch ruhiger lebt man bei Hrn. Maber in der alten Post, etwas weiter den Berg hinauf. Er hält seine Gäste nicht nur sehr billig und bedient sie gut, sondern er weiß sie auch zu unterhalten. Er kennt übrigens die ganze Gegend und alle ihre Merkwürdigkeiten sehr genau. Ueberdieß genießt man bei ihm die schönste Aussicht, die sich denken läßt.

*) Seite 54.

In Muggendorf sind zwar zwölf Wirthshäuser; eine übermäßige Anzahl für einen Ort, der nur in allen aus 53 Häusern besteht und keine gangbare Strasse hat, und gleichwohl hatte ich mehr als einmal den Verdruß, wenn ich entkräftet von meinen Bergreisen zurükkam, von einem Wirthshaus in das andere gewiesen zu werden, ohne irgend eine Erfrischung zu erhalten; (ausgenommen bei dem Wirth Leigh, wo man auch im Fall logiren kann). Dieß begegnet Fremden und Einheimischen; und selbst den Streitbergern, wenn sie dahin kommen und nicht gut bekannt sind, wird ein Trunk Bier versagt, zur Zeit nämlich, da sie noch einen kleinen, aber ihren besten Vorrath von Lagerbier haben. Die Hauptursache einer so unwirthlichen Einrichtung soll, wie ich vernommen habe, einestheils in der allzugroßen Anhänglichkeit an den Feldbau und den kleinen Schleichhandel mit Schmalz, Vieh u. s. g. anderntheils in dem gesezten geringen Preis des Biers liegen, das sie nicht höher als zu 2 kr. und höchstens 2 kr. 2 Pf. ausschenken dürfen, welches doch, zumal das Lagerbier, nach seinem innern Gehalt und dem Einkauf gemäß, 3 und mehr Kreuzer werth seyn soll. Sie versehen sich also, seitdem die Gerste in so hohem Preise steht, mit keinem so großen Vorrath mehr wie sonst. Sie brauen nach ihrem Bedürfniß, weil sie Schaden zu haben glauben, und geben solches im August und September nur aus Gefälligkeit her, unterdessen sie den Rest selbst austrinken und fremde Gäste mit kahlen Entschuldigungen abweisen, und selbst der Schultheiß oder Vogt macht hier keine Ausnahm von der Regel. —

### Beilage zum ersten Heft Seite 15. Nro. 1.
Closter Frauenaurachs Ankunft, von wem selbiges gestift, auch was vor Priorin allda bis zu ende zu Märggraf Albrechts zue Brandenburg hochlöbl. seligsten Andenkhens gewesen.

Anno 1575. watt das Cl. Frauenaurach, 2. Meil von Nürnberg, an dem Fluß der Aurach liegend, gestifftet, von denen Edelen Herrn Herdegen, Freyherrn zu Gründlach, sambt seinen Gemahl, Frau Elisabethen, geborner Herzogin zu Meran, welche allda in der Kirchen, mit ihren 2 Söhnen Herdegen und Leopoldo begraben liegen, die Versammlung des Closters entstundt erstlich zu Nürnberg, zum heiligen Kreuß. Von diesem Closter wurden andere 2 Closter, alß Sanct Chatharina zu Nürnberg, und 1325. daß Closter zu Bamberg zum heiligen Grab besezt. Die Priorin zu Frauenaurach sind diese gewesen:

1) Anna Dietrichen von schlechten Eltern geboren, wart anfänglich erwählt, zu einer Priorinn, alß aber 6 von Adel, deß Geschlechtes von Seckendorf, solche nit leiden wollen, sondern sie wieder absezten, ist sie durch Hülff Burggrafs Friederichs

O 2 zu

zu Nürnberg confirmirt worden und hat lange Jahre wohl regiert.

2) Margaretha Herrn Gottfrieds von Braunecks Tochter.

3) Adelheit vom Homberg hat 1386. regiert.

4) Elisabetha Auerin wart erwehlt Anno 1436. Sie hat dieß Closter mit nützlichen Gebäuden sehr geziert, auch Anno 1439. zu Nürnberg am Donnersberg dem Closter einen lustigen Hof gebaut. 1) Nemlich das Neuereich Hauß zu Frauenaurach 2tens) 1438. den Schafhof zu Lonnerstatt.

5) Gertraut von Wilhermsdorf.

6) Susanna Hoffmännin.

7) Chatharina Hoffmännin ihre Schwester.

8) Barbara ein Edle von Bibra ist Anno 1504. gestorben.

9) Christiana, Herrn Georgs von Truppachs Tochter, hat bei 16 Jahre regiert, starb Anno 1520.

10) Margaretha von Trautenberg, regierte 3 Jahre, starb Anno 1583.

11) Kunigunda von Wallenroth Herrn Georgen von Wallenroths, und Frau Veronica von Guttenberg eheliche Tochter, eine verständige Frau, kam erstlich in das Closter Anno 1494. ihres Alters im 14ten Jahr, wart Anno 1523 zur Priorin erwehlet,

let, welches sie bis in die 25 Jahr versehen hat, starb Anno 1549. gar alt.

12) Martha von Truppach, ist die lezte von Marggraf Albrecht zu Brandenburg und weiter keine mehr erwählt worden.

## Nro. 2.

### Stiftungsbrief der Elisabeth Auerin Priorin zu Cl. Frauenaurach.

Es ist zu wissen, daß nach unsers Herrn Christi Geburt Vierzehenhundert Jahr, und darnach in dem Sechs und dreyßigsten Jahr, am St. Emerantag der Heyligen Jungkfrauen ward Schwester Elisabeth Awerin Priorin zu Frauenaurach genannt, und galt das Korn Sechs Gulden und darnach im Acht und dreyßigsten Jahr baute sie das Schäfhaus zu Lonerstatt und in dem Neun und vierzigsten Jahr ließ sie auch Schreiben das Vidimus der Briefe aller, wie die über des Closters Güter geben sind und das Saalbuch das hernach geschrieben stehet, da man dann alle des Closters Güter an allen Enden genzlichen und clärlich geschrieben standt, und wo in alten Saalbuch stehen Langschilling, dafür soll man Funfzehen Pfennig geben, und für einen kurzen Schilling, achthalben Pfennig und sonst ein Pfennig für ein Pfennig, ein Häller für einen Häl-

ler,

ler, und auch zwei Zeitbücher, die man umb Vier und zwanzig Gulden kaufet, die gehören zu der Pfarr und sollen bei der Pfarr bleiben, ewiglichen. Item, wenn wir unsere Heußer bauen; zu Nürnberg, so geben sie uns Holz genug dazu, allweg aus ihrem Walde. Da man den grosen Hof baut, da gaben wir dem Amtmann Lienhard Wendel Drey Gulden und anderen Förster Knechten auch bey Drey Gulden, also muß man Verlaub nehmen von einem Amtmann und wo nicht geben alßdann vorgeschrieben stehet, daß wir es auch mit Gewalt haben, und ohn des Raths Willen, und Wortt zu Nurnberg.